이창규

이창규 작가는 서울대학교 경제학부를 졸업하고 사법시험에 합격하여 변호사로서의 길을 걸어왔다. 현재 법무법인 경연의 파트너 변호사로, 부동산과 기업 법무 분야에서 전문성을 쌓으며 다양한 사건과 자문을 수행하던 중, 와인 수입사와 유통업체를 대상으로 한 법률 자문을 계기로 와인을 처음 접하게 되었다. 그 만남은 단순한 업무의 범위를 넘어 일상의 깊은 즐거움으로 자리 잡았고, 특히 부르고뉴 와인의 섬세하고 복합적인 매력에 이끌려 본격적인 와인 공부를 시작하게 되었다.

그의 와인 여정은 한관규 원장이 운영하는 와인 스쿨에서 출발했다. 이후 여러 와인 교육기관을 거치며 체계적으로 지식을 쌓았고, 국제 와인 교육 프로그램인 WSET(Wine & Spirit Education Trust) 2단계를 취득했으며 '와인 경영 컨설턴트' 자격도 보유하고 있다. 바쁜 일과를 마친 뒤 와인 한 잔으로 하루를 마무리하는 시간은 이제 그에게 가장 자연스러운 삶의 한 부분이 되었다.

와인에 대한 지적 탐구를 이어가던 그는 이종영, 최종호, 이선화와 함께 'WASA(Wine Analysis Study Association)' 연구회에 참여하였다. 함께 와인을 시음하고 분석하며, 학문적인 접근을 병행하는 활동을 꾸준히 이어왔고, 그 결실을 바탕으로 이 책을 공동 집필하게 되었다. 이 책은 각자의 시선과 전문성을 지닌 공동 저자들이 힘을 모아, 부르고뉴 와인의 복합성과 아름다움을 보다 깊이 이해하고자 하는 독자들에게 길잡이가 되도록 했다. 전문적인 이론보다는 현장감 있는 시각과 애정 어린 탐구를 담았으며, 독자들이 이 책을 통해 자신만의 와인 여정을 확장해 가기를 바란다.

이선화

시작은 작은 '호기심'이었다. 갑자기 왜 그런 생각이 들었는지 모르겠지만, 문득 앞으로의 인생을 즐겁게 해줄 '인생 취미'를 갖고 싶었다. 그것도 아주 제대로 된. 그래서 무작정 집 근처 문화센터를 찾아 와인 강의를 신청했다. 프랑스 와인을 제대로 맛본 것도, 오랜 시간 나의 멘토가 되어주신 고(故) 한관규 원장님을 처음 뵌 것도 이때이다. 다양한 와인을 접하고, 시음하는 과정에서 그저 모든 것이 신기하고, 거짓말처럼 매 순간 설렜다. 와인에 점점 빠져들면서, 아주 조금이나마 인생을 즐길 줄 아는 어른이 된 기분이었다.

오랜 시간, 나름 와인 애호가라고 자부했었는데, 이번에 부르고뉴 책을 준비하는 과정은 엄청난 도전이었다. 존경하는 고(故) 한관규 원장님께서 시작하셨던 작업을 고인 생전 가까웠던 제자들이 모여 의견을 나누고, 각자 역할을 맡아 1년간 열심히 준비했다. 이종영 WASA 회장님, 최종호 대표님, 이창규 변호사님 세 분께서 앞에서 열심히 이끌어 주신 덕분에 본인의 부족한 능력에도 불구하고, 이 작업에 참여할 수 있었다. 바쁜 일정 속에서 사진 및 동영상 촬영을 위해 부르고뉴 출장도 다녀오시고, 영상편집 작업까지 훌륭히 해주셔서 한층 더 멋진 결과물이 나온 것 같다. 다시 한번 세 분께 진심으로 감사인사를 드린다. 와인을 좋아하는 이들에게 이 책이 조금이나마 도움이 되리라 믿는다.

부르고뉴 와인을
읽다, 보다, 걷다

QR 영상으로 떠나는 포도밭 여행

책의 구성과 일러두기

시작하는 이야기: 부르고뉴 와인 이해하기

제1장
부르고뉴Bourgogne 와인의 개요

- 15   1. 부르고뉴 와인 산지
- 19   2. 부르고뉴 와인의 역사
- 27   3. 부르고뉴 와인 산업의 주체

제3장
부르고뉴 와인의 품질 기준과 AOC

- 70   1. 프랑스 와인의 품질 등급
- 73   2. AOC 생산 조건과 규정
- 77   3. 부르고뉴 AOC 등급 분류
- 85   4. 부르고뉴 와인 라벨

미니토픽 2:

부르고뉴 AOC 위반 사례 –
규범을 위반한 오래된 관행 *91*

제2장
부르고뉴 떼루아와 끌리마

- 36   1. 부르고뉴와 떼루아
- 40   2. 끌리마의 의미
- 43   3. 토양과 기후: 떼루아의 본질
- 51   4. 주요 포도 품종

미니토픽 1:

포도밭 속 작은 이야기 –
끌로, 끌리마, 리외디, 그리고 떼루아 *64*

제4장
샤블리와 그랑 오세루아

- 97   1. 샤블리Chablis
- 114   2. 샤블리 주변의 주요 빌라주 AOC

미니토픽 3:

부르고뉴 와인 생산자의 상속법 문제 –
상속과 분할, 그리고 도멘의 해체 *117*

CONTENTS

제5장
꼬뜨 드 뉘

- 124   1. 마르사네 Marsannay
- 126   2. 픽생 Fixin
- 128   3. 주브레–샹베르탱 Gevrey-Chambertin
- 150   4. 모레–쌩–드니 Morey-Saint-Denis
- 164   5. 샹볼–뮈지니 Chambolle-Musigny
- 174   6. 부조 Vougeot 마을과 끌로 드 부조 Clos de Vougeot
- 180   7. 본–로마네 Vosne-Romanée
- 202   8. 뉘–쌩–조르주 Nuits-Saint-Georges

미니토픽 4:

포도 줄기, 포함할 것인가 vs. 제거할 것인가?! 205

제6장
꼬뜨 드 본

- 211   1. 뻬르낭–베르즐레스 Pernand-Vergelesses
- 213   2. 라두아 Ladoix
- 215   3. 알록스 꼬르통 Aloxe-Corton
- 224   4. 사비니–레–본 Savigny-lès-Beaune, 쇼레–레–본 Chorey-lès-Beaune
- 228   5. 본 Beaune
- 230   6. 뽀마르 Pommard
- 232   7. 볼네 Volnay
- 234   8. 쌩–로맹 Saint-Romain, 몽뗄리 Monthélie, 오세–뒤레스 Auxey-Duresses
- 238   9. 뫼르소 Meursault
- 241 10. 블라니 Blagny
- 243 11. 쌩–토뱅 Saint-Aubin
- 246 12. 뿔리니 몽라셰 Puligny-Montrachet
- 261 13. 샤사뉴 몽라셰 Chassagne-Montrachet
- 271 14. 상트네 Santenay, 마랑주 Maranges

미니토픽 5:

오가닉, 비오디나믹, 내추럴 와인의 차이 – 땅과 와인 사이의 철학 274

제7장
꼬뜨 샬로네즈 *279*

제8장
마꼬네

293   1. 레지오날 등급의 마꼬네 와인: 마꽁, 마꽁–빌라주

298   2. 빌라주Villages 등급의 마꼬네 마을들

제9장
부르고뉴 지방 명칭 와인 *Régional AOC*

306   1. 부르고뉴 AOC 와인Bourgogne

309   2. 부르고뉴 알리고떼 와인
          Bourgogne Aligoté

311   3. 크레망 드 부르고뉴 와인
          Crémant de Bourgogne

314   4. 부르고뉴 무쒜 와인
          Bourgogne Mousseux

315   5. 꼬또 부르기뇽 와인
          Coteaux Bourguignons

317   6. 부르고뉴 빠스–뚜–그랭 와인
          Bourgogne Passe-Tout-Grains

319   7. 부르고뉴 지방 명칭Régional AOC의 보완적 지리명칭DGC: Dénomination Géographique Complémentaire 와인

미니토픽 6:
부르고뉴 피노 누아의 대안 *338*

CONTENTS

제10장
부르고뉴 와인 즐기기

344   1. 부르고뉴 와인 구매와 보관
349   2. 와인 시음:
          시각, 후각, 미각의 활용
357   3. 부르고뉴 와인과 음식의 조화

미니토픽 7:
한식에 부르고뉴 와인 페어링pairing   *366*

제11장
**부르고뉴 와인의
성공 요인과 미래**

372   1. 부르고뉴 와인 축제와 행사
381   2. 부르고뉴 와인 꽁프레리Confrérie
384   3. 부르고뉴 와인 학교
          École des Vins de Bourgogne
386   4. 부르고뉴 와인 및 끌리마 박물관
          La Cité des Climats et vins de Bourgogne

미니토픽 8:
와인 시장의 새로운 트렌드   *390*

Index
참고 문헌

책의 구성과 일러두기

이 책은 오롯이 부르고뉴 와인에 관한 내용을 담고 있으며, 객관적인 사실과 전문적인 평가를 바탕으로 기술하였다. 부르고뉴의 관문 '샤블리'에서부터, 부르고뉴의 중심 꼬뜨 도르, 그리고 그동안 잘 다루어지지 않았으나 최근 주목받고 있는 꼬뜨 샬로네즈와 마꼬네에 이르기까지, 부르고뉴 전체 와인 생산지를 다루고 있다. 각 지역에서는 해당 AOC 와인에 대하여 어느 하나 놓치지 않도록 노력하였다. 와인을 즐기면서 부르고뉴 와인에도 관심을 두고 있을 와인 애호가들에게, 부르고뉴 와인의 충직한 안내자 역할을 담당하고자 한다.

모두 11개의 장으로 구성하였다. 제1, 2, 3장에서는 부르고뉴 와인의 개요를 정리하였다. 와인 산지와 역사, 떼루아 및 끌리마 그리고 AOC 등급 체계를 서술하였다. 제4, 5, 6, 7, 8, 9장에서는 다섯 곳으로 구분되는 부르고뉴 와인 생산 지역과 부르고뉴 지방단위 와인을 망라하였다. 각 장에서는 AOC 생산 마을을 소제목으로 나누고, 각 지역 또는 생산 마을의 개요를 설명하며, 그다음 떼루아 및 와인 특징을 서술하는 포맷을 취하고 있다. 33개 그랑 크뤼 AOC에 대해서는 더 상세히 소개하였다. AOC 마을의 배열은 생산 마을의 지도상 위치를 기준으로, 북쪽에서 남쪽으로 내려오는 순서를 따른다.

이제까지 국내에서 출간된 와인 전문 도서로는 최초로 부르고뉴 현지에서 직접 촬영한 포도밭 동영상을 시청할 수 있는 QR코드를 담고 있다. 주요 생산 마을의 포도밭 풍경 또는 역사적인 장소를 보여주는 총 16개의 영상들이 그것이다. 유명한 부르고뉴의 포도밭 한가운데를 직접 거니는 듯한 특별한 경험을 제공하고자 하였다. 또한, 각 장의 중간에는 '미니토픽'이라는 형식으로 잠시 쉬어가는 코너를 마련했다. 부르고뉴 와인 산업과 관련 있는 8개의 흥미로운 주제를 선정하고, 독자들에게 한층 더 가까이 다가가고자 하였다.

끝으로, 제10, 11장에서는 일상에서의 부르고뉴 와인 즐기기, 그리고 부르고뉴 와인의 성공 요인을 이해하는 데 도움이 될 정보를 담고 있다. 책에서 사용되는 모든 통계 숫자와 데이터는 부르고뉴 와인 협회BIVB의 정보를 바탕으로 하였다. 다만, BIVB 통계 또한, 업데이트 시기와 기재된 매체에 따라서 다소 차이가 나는 경우도 있음을 전제로 한다.

이 책의 프랑스어 지명 및 와인 용어에 대한 우리말 표기는 아래와 같은 원칙으로 차용하였다.

1. 프랑스어 단어는 우리말로 표기한다.
2. 프랑스어 발음에 가능한 한 가까운 우리말로 옮긴다.
3. 이미 익숙해진 우리말 표기와 지나치게 다를 경우에는, 일반적으로 상용되는 표기를 사용한다. 예) Romanée-Conti ⇒ '호마니 꽁티'보다는 '로마네 꽁티'
4. 연음되는 2개 이상의 단어는 발음되는 그대로 표기하였다. 예) Saint-Aubin ⇒ '쌩-토뱅', Les Amoureuses ⇒ '레 자무르즈'
5. 프랑스어 단어의 영어 표현이 해당 와인 용어로서 상용화된 경우에는, 그 영어 단어의 우리말 표기를 그대로 사용하였다. 예) 포도주는 와인, 생산 연도는 빈티지 등.

시작하는 이야기: 부르고뉴 와인 이해하기

부르고뉴 vs. 보르도 와인 비교

흔히, 와인 애호가들조차 부르고뉴 와인을 가장 복잡하고 이해하기 어렵다고 말한다. 서점의 와인서적 코너만 살펴봐도, 프랑스 와인이나 보르도 와인을 다루는 책은 많은데, 부르고뉴 와인에 관한 전문서적은 상대적으로 적은 편이다. 그렇다면, 과연 부르고뉴 와인은 어떤 와인일까. 약간 투명하고 맑은 루비 빛깔, 신선한 과일 향, 매력적인 제비꽃 향, 부드럽고 섬세한 탄닌, 은은한 숙성 향, 기분 좋은 산도 등의 묘사로 모든 부르고뉴 와인을 설명하기에는 역부족이다. 알면 알수록 복잡하고, 다양한 매력을 보여준다.

본문에서 부르고뉴 각 지역별 특징을 자세히 살펴보기에 앞서, 프랑스 와인의 또 다른 대표주자 '보르도 와인'과 비교해 봄으로써 부르고뉴 와인에 대한 이해를 돕고자 한다.

1. 떼루아와 품종의 차이

보르도는 자갈, 모래토, 진흙, 석회질 토양이 주를 이루고, 대서양에 가까이 위치해 있어 해양성 기후의 영향을 받는다. 더운 여름과 온화한 겨울 날씨를 특징으로 하고, 변덕스러운 날씨 때문에 빈티지에 따른 차이를 최소화하고자 예전부터 다양한 품종을 블렌딩해 왔다. 즉, 여러 포도밭에서 생산한 다양한 품종을 블렌딩한 '아상블라주 assemblage' 와인이다. 참고로, 보르도 와인을 이해하는 데 가장 중요한 키워드는 '블렌딩 blending'이다. 레드, 화이트 와인 할 것 없이, 거의 모든 와인이 서로 다른 품종을 섞어 만들며, 블렌딩 종류와 비율은 매해 다르다. 레드 와인에는 까베르네 소비뇽, 메를로, 까베르네 프랑, 쁘띠 베르도, 말벡 등이, 화이트 와인에는 세미용, 소비뇽 블랑, 뮈스까델 등이 주로 사용된다. 강직하고 구조감 있는 장기 숙성형 레드 와인, 최고의 스위트 와인 등 모든 종류의 와인을 생산한다.

반면, 부르고뉴는 대륙성 기후의 영향을 받는 내륙 지역으로, 더운 여름과 추운 겨울의 계절 차뿐만 아니라 일교차 또한 매우 크다. 토양은 백악질, 이회토, 석회질 토양이 주를 이룬다. 피노 누아, 가메, 샤르도네, 알리고떼 등 주로 단일 품종으로 와인을 만들며, 이를 '모노세파주 monocépage' 와인이라고 한다. 여러 가지 품종을 블렌딩해서 만드는 보르도 와인과 달리, 대부분 한 포도원에서 하나의 품종을 재배해 만들기 때문에 포도원 개수만큼이나 다양한 특징이 존재한다고 말할 수도 있다. 섬세하고 우아한 산미의 레드 와인과 세계 최고 명성의 화이트 와인을 생산한다.

2. 샤또 vs. 끌리마

보르도는 포도원 면적이 대부분 크고, 와인 분류 및 등급을 논할 때에도 샤또 Château가 중심이다. 샤또는 중세까지 성 castle을 의미했으나, 근대로 넘어오면서 왕의 궁전, 귀족이나 대지주의 저택을 뜻하는 것으로 의미가 확장되었다. 보르도 와인 등급 체계의 경우, 1855년 나폴레옹 3세가 파리 박람회를 개최하면서 도입하였다. 그랑 크뤼 등급으로 1~5등급을 분류하고, 샤또에 등급이 부여된다.

부르고뉴에서 와인을 분류할 때 가장 먼저 고려하는 기준은 포도밭이다. 해당 지역, 떼루아, 포도밭 위치 등에 따라 그랑 크뤼, 프리미에 크뤼, 빌라주, 부르고뉴 지방 단위 등 네 가지 등급으로 포도원을 분류한다. 한편, 프랑스 대혁명 이후, 포도밭의 독점적인 소유체제가 붕괴되면서 소유자가 여러 명으로 분할 상속되는 등 오늘날에 이르러서는 지도가 마치 모자이크처럼 나뉘어져 있다. 하나의 포도원에 다수의 소유주가 존재하기도 한다. 따라서 부르고뉴 와인을 정확하게 이해하려면 포도원 명칭과 재배자의 이름, 두 가지 정보를 모두 알 필요가 있다.

3. 대기업 vs. 가족 경영

보르도의 경우, 각 샤또에 속해있는 포도원 면적이 부르고뉴 도멘의 약 7~10배에 이를 정도로 넓다. 대기업 소유인 경우도 많고, 생산자 개인의 스타일보다는 포도 재배 및 양조 교육을 받은 전문적인 팀 단위의 노력을 바탕으로 와인을 생산한다. 그리고 수확과 양조에 있어서도 융통성의 폭이 넓다. 발효 후 품질이 양호하지 않은 와인은 오크통째로 외부에 판매하거나 세컨드 와인 라벨을 붙이기도 한다. 앞서 언급했듯이 블렌딩 비율을 다르게 시도할 수도 있다.

그러나 부르고뉴 도멘의 대부분은 소규모 가족 경영의 형태를 띤다. 대체로 한 도멘이 소유하는 밭 크기가 작은 편약 7~10헥타르이어서, 생산자의 취향을 반영해 다양한 품질과 스타일의 와인이 생산된다. 예를 들어, 포도나무 가지치기, 수확 시기, 양조 방법, 병입 및 판매 시기, 가격 결정에 이르기까지 각 도멘의 생산자가 책임과 위험을 감수하며 자기만의 스타일을 보여준다. 물론, 단일 품종으로 와인을 만드는 데다, 수확량이 적어 제한적이기는 하나, 부르고뉴에서는 떼루아만큼이나 중요한 것이 양조자의 철학이다.

4. 제한적인 공급량과 비싼 가격

부르고뉴는 첫째, 보르도에 비해 단위 면적당 생산량이 적다. 피노 누아의 경우, 일정 수확량을 초과하면 품질이 떨어질 위험이 크다. 최상급 피노 누아는 1헥타르 단위 면적당 약 30~35헥토리터를 생산한다. 반면, 까베르네 소비뇽과 메를로는 1헥타르당 약 80~100헥토리터를 생산한다.1헥타르=10,000제곱미터, 1헥토리터=100리터=750ml 와인병 기준 약 133병이다.

둘째, 와인을 만들 때에는 충분히 잘 익은 포도를 재배해 사용하는데, 부르고뉴는 까다로운 환경 탓에, 그 경우가 매우 제한적이다. 예를 들어, 꼬뜨 도르 최고의 포도원은 급경사면의 좁은 동쪽, 남동쪽에 국한되고, 경사면의 토양 또한 비옥하지 않아 수확량이 적다.

셋째, 수요-공급의 원칙이 작용한다. 와인의 총생산량에 있어서 부르고뉴는 보르도 생산량의 약 4분의 1에 불과하다. 이런 이유로, 부르고뉴 도멘은 규모의 경제 측면에서 이점을 누리기 힘들고, 결국 품질이 좋으면서도 가격이 저렴한 부르고뉴 와인은 거의 찾아보기 어렵다.

12세기 노트르담 드 따르 수녀회가 설립한 포도원, 도멘 뒤 끌로 드 따르

제1장

부르고뉴 Bourgogne
와인의 개요

부르고뉴 와인 산지

1. 샤블리

2. 꼬뜨 드 뉘

3. 꼬뜨 드 본

4. 꼬뜨 샬로네즈

5. 마꼬네

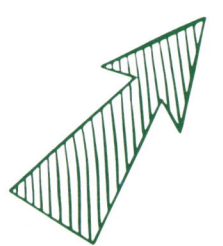

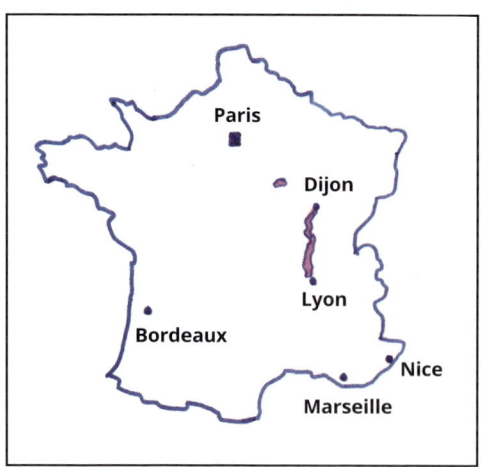

1. 부르고뉴 와인 산지

부르고뉴는 세계에서 가장 오랜 역사를 지닌 와인 산지 중 하나로, 개성 넘치는 명품 와인을 생산하는 여러 지역을 아우르는 넓은 구역이다. 프랑스의 4개 행정 구역에 걸쳐있으며, 크게 다음과 같이 나뉜다. **욘**Yonne – **샤블리**Chablis가 위치한 지역, **꼬뜨 도르**Côte d'Or – **디종**Dijon에서 **샤니**Chagny까지 이어지는 중심지, **손-에-루아르**Saône-et-Loire – **빌프랑슈**Villefranche 일대를 포함하는 지역, **론**Rhône – **마꼬네**Mâconnais 남쪽에서 시작해 **보졸레**Beaujolais까지 포함하는 구역.

부르고뉴는 북쪽 샤블리에서 남쪽 보졸레까지 약 230킬로미터에 걸쳐있으며, 지역마다 기후와 토양의 차이가 뚜렷하다. 특히 보졸레는 행정적으로는 론 지방에 속하지만, 마꽁 남쪽과 맞닿아 있어 자연적인 연결성이 있다. 또한, 1930년 디종 민사법원의 판결에 따라 보졸레 일부 와인은 부르고뉴 아뻴라시옹을 사용할 수 있게 되었다.

그러나 이 책에서는 부르고뉴를 논할 때 보졸레를 제외하고, 북쪽 샤블리에서 남쪽 마꼬네까지의 지역을 중심으로 다룰 예정이다.

❶ 욘 행정구역

디종에서 북서쪽으로 약 150킬로미터, 파리와 디종의 중간 지점에 위치한 오세루아–샤블리지앵Auxerrois-Chablisien 지역은 과거 포도 재배가 활발했던 곳으로, 센강을 따라 수도 파리로 와인을 운송하기도 했다. 철도가 개통되기 전까지 이 지역에서 생산된 레드 와인과 화이트 와인의 상당수가 파리로 공급되었다.

샤블리

부르고뉴 최북단에 자리한 샤블리는 오직 화이트 와인만 생산하는 마을이다. 우아하면서도 신선한 과일 향이 매력적인 드라이한 화이트 와인으로 세계적으로 명성을 얻고 있다. 샤블리의 포도밭은 스렝Serein강 양안의 일조량이 풍부한 지역에 자리하며, 점토석회질 토양 덕분에 샤르도네 품종이 자라기에 최적의 환경을 갖추고 있다. 샤블리 와인은 품질에 따라 4개의 AOC로 분류되며, 이 중 유일한 그랑 크뤼 AOC에는 7개의 그랑 크뤼 포도원이 있다. 샤블리 와인은 미네랄이 살아있고, 신맛이 강하며 깔끔하고 날카로운 특징을 지닌다. 대부분 스테인리스 통에서 숙성되어 순수하고 깨끗한 맛을 유지하지만, 일부는 작은 오크통에서 숙성되어 보다 복합적이고 깊은 풍미를 지니기도 한다.

❷ 꼬뜨 도르 행정구역

디종에서 남남서쪽으로 가면 부르고뉴 오뜨 꼬뜨Bourgogne Hautes Côtes라 불리는 지역에 자리한 꼬뜨Côte, 언덕를 만날 수 있다. 이 언덕이 바로 꼬뜨 도르 지역으로, 길이 약 65킬로미터, 폭은 0.5~1.5킬로미터 정도의 좁고 긴 형태를 띠며, 남쪽으로 샤니와 경계를 이룬다. 이 지역은 서로 다른 지질층이 불연속적으로 쌓여있어, 매우 다양한 토양 조건을 갖추고 있다. 꼬뜨 도르는 꼬뜨 드 뉘Côte de Nuits와 꼬뜨 드 본Côte de Beaune 두 지역으로 나뉘며, 두 곳을 합쳐

'황금의 언덕'이라는 뜻의 꼬뜨 도르라 부른다. 이곳에서 생산되는 와인의 약 75%가 레드 와인이며, 부르고뉴의 특급 와인, 특히 그랑 크뤼Grand Cru 등급이 집중된 곳이다.

꼬뜨 드 뉘

꼬뜨 드 뉘는 꼬뜨 도르의 북쪽에 위치하며, 디종에서 꼬르골로앵Corgoloin까지 이어진다. 이 축을 따라 서쪽에는 오뜨 꼬뜨 드 뉘Hautes-Côtes de Nuits 지역이 있다. 이곳은 부르고뉴 최고의 레드 와인 산지로, 전체 생산량의 93%가 레드 와인이다. 특히 피노 누아 품종이 만들어 내는 강건하면서도 깊이 있는 풍미가 이 지역의 특징이다. 꼬뜨 드 뉘에서 생산된 와인은 세계적으로 부르고뉴의 명성을 확립하는 데 큰 역할을 했다. 포도밭은 고도가 다소 높은 편이며, 마르사네Marsannay에서 꼬르골로앵까지 이어지는 언덕의 동쪽 또는 동남쪽 경사면을 따라 띠 모양으로 형성되어 있다.

꼬뜨 드 본

꼬뜨 드 본은 꼬뜨 도르의 남쪽에 자리하며, 같은 축을 따라 서쪽에는 오뜨 꼬뜨 드 본Hautes-Côtes de Beaune 지역이, 남쪽으로는 샤니까지 이어진다. 이곳은 부르고뉴 와인의 중심지로, 이름 역시 부르고뉴 와인의 수도라 불리는 본Beaune에서 유래했다. 이 지역의 포도밭은 라두아Ladoix에서 마랑주Maranges의 언덕 사면까지 펼쳐져 있다. 다채로운 떼루아의 특징을 반영하듯 다양한 스타일의 와인이 생산되며, 전체적으로 섬세하고 가벼운 스타일이 주를 이룬다. 꼬뜨 드 본에서는 레드 와인과 화이트 와인이 모두 생산되며, 비율은 레드 와인 약 66%, 화이트 와인 약 34% 정도다. 특히 일부 지역에서는 우수한 화이트 와인도 생산된다.

❸ 손-에-루아르 행정구역

샤니에서 남쪽으로 마꽁Mâcon을 지나 약 65킬로미터에 걸쳐 이어지는 지역에는 서쪽으로 일련의 언덕이 펼쳐져 있다. 이 언덕들이 바로 꼬뜨 샬로네즈 Côte Chalonnaise를 이루고, 더 남쪽으로 내려가면 마꼬네 지역으로 연결된다. 마꼬네는 최근 뛰어난 품질의 화이트 와인을 합리적인 가격에 생산하며 주목을 받고 있다.

꼬뜨 샬로네즈

꼬뜨 샬로네즈는 지리적으로 꼬뜨 드 본의 연장선에 있다. 1930년대에 양질의 포도나무를 본격적으로 재배하기 시작하면서, 우수한 자연환경과 와인 품질이 어우러져 꾸준히 성장해 왔다. 이 지역에서는 레드 와인60%과 화이트 와인40%이 균형 있게 생산된다.

마꼬네

부르고뉴 최남단에 위치한 마꼬네 지역은 꼬뜨 도르보다 기온이 따뜻한 것이 특징이다. 이곳에서 생산되는 와인의 85%가 화이트 와인으로, 부르고뉴 전체 화이트 와인 생산량의 약 절반을 차지한다. 석회질 토양 덕분에 샤르도네 Chardonnay 품종이 주를 이루며, 가격 대비 뛰어난 품질로 인정받고 있다. 마꼬네의 화이트 와인은 섬세한 꽃과 과일 향을 지니며, 부드럽고 둥근 질감을 자랑한다. 잘 알려진 화이트 와인 생산지로는 마꽁, 뿌이 퓌세Pouilly-Fuissé, 쌩-베랑 Saint-Véran 등이 있으며, 모두 샤르도네 품종으로 와인을 만든다. 이 지역에서 생산되는 레드 와인은 가메Gamay 품종으로 만들어지며, 가벼운 맛과 산뜻한 질감이 특징이다.

이 책 중반부제4장부터 제9장까지에서는 행정구역상의 구분과 무관하게 북쪽에 위치한 마을부터 차례대로 살펴보고자 한다.

2.
부르고뉴 와인의 역사

부르고뉴 포도원의 시작

부르고뉴 지역에서 포도가 처음 재배된 시기는 명확하지 않지만, 고고학적 증거와 문헌 연구에 따르면 부르고뉴라는 이름의 기원이 된 부르공드Burgondes족은 갈로-로마인 Gallo-Roman들과 함께 살면서 기원 직후부터 포도를 재배하기 시작했고, 3세기 말에 이르러서는 포도 경작이 더욱 번성했다고 전해진다. 부르고뉴 와인에 대한 가장 오래된 공식 기록은 312년 로마의 웅변가 에우메네스Eumenes가 로마 황제 콘스탄틴에게 부르고뉴 포도원에 대해 설명한 문서에서 찾아볼 수 있다.

중세 수도원과 와인 문화의 확산

476년 서로마 제국이 몰락한 후, 5세기 말부터 다양한 민족들이 부르고뉴에 정착하며 포도나무를 경작하기 시작했다. 이 시기 부르고뉴 와인은 기독교 국가들 사이에서 명성을 얻었는데, 이는 여러 세대를 거치며 수도승들이 축적한 경험과 지식을 바탕으로 만들어진 와인이었기 때문이다.

수도원은 포도밭을 직접 관리하며 재배, 수확, 양조 과정 전반을 주도했다. 와인은 단순한 음료를 넘어 미사주 등 종교적 목적으로 사용되었으며, 수도원 경제를 유지하는 중요한 자원이 되었다. 수도승들은 더 좋은 포도를 생산하기 위해 연구를 거듭했고, 포도밭마다 최적의 품종을 찾아내는 데 집중했다. 이 과정에서 토양의 특성이 와인의 품질을 결정짓는 중요한 요소로 인식되었으며, 이는 훗날 '떼루아' 개념의 기초가 되었다.

6~14세기: 왕조의 후원과 수도원의 역할

부르고뉴의 중세 와인사는 당시 지역을 지배하던 왕조와 수도원의 후원을 바탕으로 발전했다. 메로빙거와 카롤링거 왕조 시기에는 수도원에 포도밭을 기증하는 전통이 생겼으며, 587년 부르고뉴 왕 공트랑은 쌩-베니뉴 수도사들에게, 640년 아멜가르 공작은 베즈 수도원에 토지를 하사했다. 후자는 이후 유명 포도밭인 끌로 드 베즈Clos de Bèze로 이어졌다.

909년 설립된 클뤼니 수도원은 베네딕트 규율을 바탕으로 유럽 전역에 포도 경작 기술을 전파했으며, 1098년 창립된 시토 수도원이 그 뒤를 이었다. 이 두 수도원은 방대한 네트워크를 통해 부르고뉴 와인의 명성을 널리 알렸다.

1115년부터 시토 수도원이 끌로 드 부조 포도밭을 관리했는데, 꼬뜨 드 뉘와 꼬뜨 드 본 지역의 가능성을 알아보고, 리쉬부르, 에셰조 같은 뛰어난 포도밭들을 찾아내었다. 1131년 쌩-비방Saint-Vivant 수도사들이 심은 포도밭은 후에 라 로마네La Romanée-쌩-비방, 라 로마네 꽁티로 발전해 대표적인 그랑 크뤼가 되었다.

이처럼 부르고뉴는 수도원의 노력으로 유럽 전역에 와인 문화를 확산시켰고, 메종 메르Maison Mère, 수도회 조직의 중심이 되는 본원 수도원을 의미로 불리며 중세 미사주 문화의 중심지로 자리 잡았다.

14~15세기: 부르고뉴 공국과 와인의 황금기

1342년부터 1477년까지 부르고뉴 공국은 발루아 왕가 출신의 4명의 공작들이 통치하며 강력한 독립 국가로 자리 잡았다. 이들은 예술과 문화를 후원했고, 와인을 주요 무역 상품으로 활용해 경제적 번영을 이끌었다. 포도밭에서 얻은 와인 수익은 공국의 핵심 재정 자원이 되었고, 와인은 권력과 부의 상징으로 자리 잡았다.

부르고뉴 와인은 수도원과 로마를 넘어 아비뇽의 교황들까지 즐기게 되었으며, 플랑드르 등 유럽 전역의 중상류층에게 널리 알려졌다. 이 시기는 '부르고뉴 와인의 황금기'로 불린다.

공작들은 와인의 품질을 높이기 위한 정책도 시행했다. 특히 1395년 필립

르 아르디 공작은 가메 품종의 재배를 금지하고, 피노 누아 중심의 고품질 재배 방식을 장려했다. 이후에는 비료 사용을 금지하고, 수확량 제한 정책이 도입되어 품질 중심의 와인 생산이 본격화되었다.

15세기 후반~17세기: 전쟁 속 부르고뉴 와인의 위기와 변화

1477년, 부르고뉴 공국의 통치자 샤를 르 테메레르Charles le Téméraire 공작이 전사하면서 부르고뉴는 루이 9세실제로는 루이 11세 치하에서 프랑스 왕국에 귀속되었다. 16세기와 17세기 동안 프랑스는 끊임없이 외국과 전쟁을 벌였고, 이로 인해 와인 산업은 쇠퇴할 수밖에 없었다. 더욱이 부르고뉴 와인은 샹파뉴Champagne 와인과의 경쟁 속에서 어려움을 겪었다.

그러나 1693년, 루이 14세의 주치의 파공Fagon은 오래 숙성된 부르고뉴 와인을 왕의 식이요법으로 처방했는데, 이 치료가 효과를 보였다. 이후 루이 14세는 건강 회복을 위해 그동안 마시던 샴페인을 포기하고 부르고뉴 와인을 선택했다. 이 사건을 계기로 부르고뉴 와인은 '왕의 치료주'라는 명성을 얻게 되었다.

17세기에는 디종의 부르주아 계층이 수도원이 소유했던 유명 포도밭을 매입하기 시작했다. 1631년, 쌩-비방 수도원이 라 로마네 포도밭을 처분한 것을 시작으로, 1651년에는 랑그르Langres 대성당이 소유했던 끌로 드 베즈 포도밭이 매각되었고, 1660년에는 샤를마뉴 대제가 후원했던 꼬르통Corton 포도밭이 새로운 소유주에게 넘어갔다.

18세기: 계몽주의 시대와 부르고뉴 와인의 발전

18세기는 이성과 과학이 강조된 계몽주의 시대였으며, 부르고뉴 와인도 과학적 접근을 통해 품질 향상을 모색했다. 1728년, 부르고뉴 출신 사제 끌로드

아르누는 런던에서 부르고뉴 와인에 대한 최초의 책을 출간해, 떼루아와 크뤼 등 지역적 특성을 체계적으로 소개했다. 이 시기에는 토양, 기후, 품종, 인간의 개입 등이 와인에 미치는 영향을 분석하며 크뤼 개념이 더욱 정립되었다.

와인 테이스팅 기법도 발전해 감별과 품질 평가가 정교해졌고, 수도원의 영향력이 줄면서 최초의 네고시앙인 샹삐 Champy가 등장했다. 이를 계기로 신흥 상류층이 재배와 유통에 관심을 보이기 시작했다.

한편, 부르고뉴 와인은 파리에서는 여전히 보르도에 비해 인지도가 낮았다. 이는 지역 교통망의 한계와 햇와인을 선호하는 소비문화, 높은 운송 비용 때문이었다. 1760년, 꽁티 왕자가 라 로마네 포도밭을 인수한 후, 이 포도밭은 프랑스 혁명 속에서도 보존되었고 '로마네-꽁티'로 명명되어 세계적으로 가장 유명한 와인으로 자리매김했다.

프랑스 혁명과 19세기 와인 산업의 변화

1789년 프랑스 대혁명은 부르고뉴 포도원의 소유 구조를 근본적으로 바꾸었다. 성직자와 귀족 소유의 포도밭이 국가에 몰수된 후 민간에 분배되었고, 신흥 부르주아와 네고시앙들이 이를 매입해 새로운 재배 방식을 도입함으로써 부르고뉴 와인은 발전을 이어갔다.

18세기 중반 이후, 숙성 없이 소비되던 레드 와인 대신 장기 숙성이 가능한 와인이 상업화되었고, 화이트 와인도 잔당을 제거해 깔끔한 스타일로 변화했다. 이로 인해 지역별, 마을별 와인의 개성이 뚜렷해졌고, 특히 꼬뜨 드 뉘가 레드 와인의 중심지로 부상했다.

19세기 초 나폴레옹 1세는 상속 규정을 통해 포도밭을 균등 분할하게 했고, 이로 인해 토지 구조가 세분화되었다. 19세기 말 필록세라 병충해로 포도밭이 큰 피해를 입으면서, 많은 대형 포도밭이 분할되어 일반인에게 매각되었다.

한편, 1861년에는 부르고뉴 최초의 포도원 질적 분류가 시행되어 와인의 정체성과 품질 기준이 정립되었다. 이 시기 레드 와인은 우아하고 구조감 있는 와인으로, 화이트 와인은 뛰어난 품질의 대표주자로 자리 잡으며, 현대적 양조 기술의 기반이 형성되었다.

필록세라 위기와 포도밭의 재편

부르고뉴의 역사에서 포도 재배는 다양한 자연재해 속에서도 수확량과 품질을 유지하고 향상시키려는 노력과 함께 발전해 왔다. 19세기 중·후반에는 오이디움Oïdium이라는 곰팡이병이 발생해 포도나무에 피해를 주었고, 1870~1880년대에는 미국에서 건너온 필록세라Phylloxéra가 창궐하면서 부르고뉴 대부분의 포도밭이 심각한 피해를 입고 파괴되었다.

이후, 프랑스의 전통 포도 품종을 필록세라 저항성을 가진 미국 포도나무 뿌리대목에 접목하는 방식이 도입되었다. 이 재식 방법을 통해 30년 이내에 포도밭은 완전히 복구되었으며, 품질의 손상도 거의 없었다. 그러나 필록세라 위기는 단순한 재배 기술의 변화만이 아니라, 부르고뉴 와인 산업 전반에 걸쳐 중요한 변화를 가져왔다.

이전까지는 포도나무가 체계적이지 않은 방식으로 심어졌고, 취목법과 휘묻이를 통해 번식이 이루어졌다. 그러나 필록세라 위기를 계기로 포도밭에 체계적인 재배 방식이 도입되었다. 질서정연하게 심어진 포도나무와 새로운 철제 지지대트렐리스 시스템이 적용되면서 부르고뉴의 포도밭 풍경도 변화했다.

또한, 필록세라 이후 오직 최상의 떼루아만이 유지되고 재경작되었다. 부르고뉴에서는 포도 재배의 핵심이 품질 지향으로 전환되었으며, 저급 와인뱅 드 따블, Vin de Table의 생산이 사실상 사라졌다. 이후, 포도 품종을 떼루아에 맞춰 신중하게 선택하는 것이 일반적인 원칙으로 자리 잡으며, 오늘날 부르고뉴 와인의 고품질 기준이 확립되었다.

20세기: AOC 제도 도입과 현대 와인 산업의 변화

20세기 초, 제1차 세계대전은 부르고뉴 와인 산업에 큰 타격을 주었고, 가짜 와인이 시장에 넘쳐났다. 이에 대응해 1923년 샤블리지엔느 협동조합이 설립되었고, 1930년대부터는 생산자가 직접 병입해 판매하는 방식이 확산되며 신뢰 회복의 계기가 마련되었다. 그러나 금주법과 대공황으로 부르고뉴 와인은 다시 정체기를 맞았다. 이 시기 재배자들은 포도원 매입에 집중했고, 오늘날 주요 도멘 대부분이 이 시기에 탄생했다.

과거에는 생산량 중심의 재배가 일반적이었으나, 점차 품질 중심으로 전환되었고, 1935년 도입된 AOC 제도를 통해 가메와 알리고떼 품종은 주요 포도밭에서 밀려났다. 피노 누아는 고급 품종으로 자리 잡았으며, 수확량도 과거보다 절반 이하로 제한되었다. 1960년대에는 병충해에 강한 포도나무를 중심으로 포도밭 재정비가 이루어졌다.

제2차 세계대전 이후, 네고시앙을 통한 수출 확대로 산업은 다시 활기를 되찾았다. 1970년대까지는 대형 네고시앙이 생산과 유통을 주도했지만, 이후 생산자가 직접 양조하고 병입하는 방식이 일반화되었다. 최근에는 소규모 농가의 도멘 설립과 글로벌 자본의 유입이 활발해지며, 보다 체계적인 경영과 품질 향상이 이루어지고 있다.

AOC 규정, 도멘, 네고시앙의 역할

20세기 와인 산업에서 가장 중요한 변화 중 하나는 1930년대 도입된 AOC Appellation d'Origine Contrôlée, 원산지 통제 명칭 제도였다. 이 제도는 와인 시장의 질서를 확립하고 공정한 거래와 소비자 보호에 기여했다. 1934년 설립된 따스뜨방 기사단은 부르고뉴 와인의 명성을 높이는 행사와 홍보를 주도했으며, 1936년 모레-쌩-드니가 첫 AOC 인증을 받았다. 이후 1975년에는 크레망 드 부르고뉴도 AOC로 지정되었다.

부르고뉴의 주요 네고시앙인 부샤르, 드루앵, 자도, 페블레 등은 도멘과 협력해 와인 품질 향상에 크게 기여했고, 우수한 포도밭 확보를 위해 치열하게 경쟁했다. 최근에는 품질뿐만 아니라 와인의 개성과 신뢰도 면에서도 눈에 띄는 발전을 이루었으며, 이는 생산자들의 지속적인 노력의 결과로, 부르고뉴 와인이 세계적으로 높은 평가를 받는 이유가 되었다.

3.
부르고뉴 와인 산업의 주체

부르고뉴 와인 산지에서는 전통적으로 생산자 조합, 협동조합, 그리고 네고시앙이라는 세 가지 주요 조직이 부르고뉴 와인의 생산과 상업화를 주도해 왔다. 이들 조직은 생산자의 권익을 보호하고 대표하기 위해 각 마을과 지역 단위로 연합을 형성하고 있다.

포도 재배자를 위해서는 부르고뉴 포도조합연합C.A.V.B.과 부르고뉴 꺄브연합 지역협회가, 네고시앙을 위해서는 부르고뉴 네고시앙-엘르뵈르 연합F.N.E.B.이 운영되고 있다. 이러한 조직들은 포도 재배자, 와인 생산자, 유통업자 등 다양한 직업군으로 구성되며, 정기적인 모임을 통해 정책을 수립하고 실행해 나간다.

❶ 포도 재배자 Winegrowers

포도 재배자는 포도를 직접 기르고 와인을 숙성·병입하여 시장에 내놓는 역할을 한다. 부르고뉴에서는 이들을 흔히 도멘Domaine이라 부르며, 2024년 현재 약 3,500개의 도멘이 존재한다. 부르고뉴의 재배자들은 자신의 포도밭에 대한 애착이 크며, 평균 약 8.5헥타르의 비교적 작은 면적을 경작하는 것이 특징이다. 또한, 하나의 재배자가 여러 개의 아뻴라시옹Appellation이나 서로 다른 포도 재배 지역에 걸쳐 포도밭을 소유하고 있는 경우도 많다.

부르고뉴 와인 산업의 가장 큰 특징 중 하나는 포도밭이 세분화되어 있다는 점이다. 이 지역에서는 대규모 포도밭을 소유한 생산자가 드물며, 대개 여러 아뺄라시옹이나 끌리마에 분산된 작은 구획의 포도밭을 소유하고 있다. 예를 들어, 샹베르탱Chambertin은 13헥타르 면적에 약 20명의 재배자가, 끌로 드 부조Clos de Vougeot, 50헥타르는 80명의 재배자가, 몽라셰Montrachet, 9.59헥타르는 14명의 재배자가 각각 나눠서 소유하고 있다. 이처럼 한 지역에서 생산된 와인이라도 재배자에 따라 개성이 달라질 수 있다.

포도 재배자는 단순히 포도를 기르는 것에 그치지 않고, 양조 과정에서 발생하는 다양한 의사 결정을 직접 내려야 한다. 포도 재배는 연중 지속되는 작업이기 때문에, 단순한 인내와 열정만으로는 감당하기 어렵다. 풍부한 실무 경험과 기술적 지식이 요구되며, 자연환경에 대한 깊은 이해도 필요하다.

특히, 기후 변화로 인한 피해는 포도 재배의 가장 큰 변수 중 하나다. 초봄 서리, 병충해, 장마, 일조량 부족, 예상치 못한 우박 등은 4월에서 9월 사이 포도나무를 위협하며, 아무리 뛰어난 재배자라도 한순간에 한 해의 노력이 물거품이 될 위험을 안고 있다.

과거에는 기계나 양조 기술, 시설이 부족했기 때문에 많은 포도 재배자들이 수확한 포도를 자체적으로 가공하지 않고 네고시앙-엘르뵈르Négociant-Éleveur에게 판매했다. 포도밭 규모가 작아 경제적으로 독립적인 와인 생산이 어려웠기 때문이다. 하지만 최근에는 많은 포도 재배자들이 직접 와인을 생산·병입하여 시장에 내놓고 있다.

❷ 협동조합 Wine cooperative

20세기 초, 프랑스 포도밭들이 연이은 경제 불황을 겪으면서 가족 단위의 중소형 포도원들은 생존을 위해 서로 협력하기 시작했다. 이렇게 탄생한 협동조합은 포도 재배뿐만 아니라 와인 양조와 유통 전반에 걸쳐 중요한 역할을 하며 프랑스 와인 산업의 핵심 요소로 자리 잡았다.

협동조합의 저장 시설은 개별 농가들이 수행하기 어려운 와인 양조와 보관을 공동으로 할 수 있도록 지원했다. 이 같은 협력 체계는 제2차 세계대전 이전부터 시장 정비와 경제적 역할을 수행하며 와인 산업의 구조를 변화시켰다. 조합은 저급 와인의 비중을 줄이고 포도밭 구조를 재정비하며, 와인 저장 시설을 재정적으로 지원하고 품질 기준을 강화하는 등 와인 시장의 질적 향상에 기여했다.

부르고뉴에서 협동조합의 움직임은 제1, 2차 세계대전을 거치며 더욱 활발해졌다. 당시 와인 생산자들은 대부분 소규모 농가였고, 포도뿐만 아니라 채소나 곡식을 함께 재배하는 경우가 많았다. 따라서 전문적인 와인 생산 설비를 갖추지 못한 곳이 많았고, 생산된 와인의 품질 역시 일정하지 않았다. 이 같은 와인은 지역 네고시앙을 통해 대량으로 도매 판매되거나, 소량씩 지역 소비자나 관광객에게 직접 판매되었다.

최근 몇십 년간 협동조합들은 규모를 확대하고 현대화되었다. 최신 양조 설비와 자동화 시스템을 도입하고 연구 개발을 통해 와인 품질을 높이는 데 집중하고 있다. 동시에 조합은 회원들에게 양질의 포도와 포도즙을 생산할 수 있도록 재배 방법과 품질 관리에 대한 조언도 아끼지 않는다.

와인 조합이 관리하는 포도밭 면적도 꾸준히 증가하고 있다. 1960년대에는 와인 재배업자의 20% 정도가 협동조합에 소속되어 있었으나, 현재는 지역에 따라 차이는 있지만 50% 이상이 조합에 가입해 있다. 즉, 개별 와인 생산자보다 협동조합 소속 와인업자가 더 많아진 것이다.

과거 협동조합은 주로 양조와 저장 기능에 집중했다면, 오늘날에는 판매 조직으로서의 역할이 더욱 커졌다. 특히 국제시장으로의 진출이 활발해지면서 협동조합 간의 연대가 더욱 강화되었고, 이를 통해 공동으로 마케팅 전략을 펼치고 다양한 아뻴라시옹의 와인을 시장 수요에 맞춰 생산할 수 있게 되었다.

대부분의 협동조합은 자체 와인 판매점을 운영하고 있으며, 이를 통해 소비자들은 생산지에서 직접 와인을 구매할 수 있다. 품질에 대한 신뢰를 바탕으로 한 이러한 판매 방식은 지역 와인 산업의 성장에 긍정적인 영향을 미치고 있으며, 협동조합이 단순한 생산 조직을 넘어 글로벌 와인 시장에서 중요한 역할을 하는 데 기여하고 있다.

❸ 중개인 Courtier

프랑스 와인 산업에서 중개인은 생산자와 유통업체를 연결하는 중요한 역할을 한다. 개인 생산자가 많고 협동조합들이 지역 곳곳에 흩어져 있는 상황에서, 와인을 대량으로 유통하는 네고시앙들이 모든 와인을 직접 찾아다니는 것은 매우 어렵다. 이때 중개인이 나서서 생산자와 구매자 간의 거래가 원만하게 이루어지도록 돕는다. 실제로 많은 와인 거래가 중개인이 가져온 와인을 시음하고 구매자의 동의를 얻는 방식으로 이루어진다.

중개인들은 주로 와인 산지에 거주하며, 네고시앙들이 관심 가질만한 와인을 정해진 지역 내에서 선별한다. 단순히 연결해 주는 역할을 넘어, 거래가 성사된 이후에는 구매자가 요청한 와인과 실제 와인이 동일한지 확인하고, 와인의 옮겨 담기와 운반을 위한 서류 준비, 경우에 따라 대금 지급 서비스까지 제공한다. 과거에는 중개료를 오크통바리크당 일정 금액으로 책정했으나, 현재는 구매 총액의 일정 퍼센트를 받는 방식으로 바뀌었다. 능력 있고 신뢰할 만한 중개인은 네고시앙뿐만 아니라 포도 재배자들에게도 없어서는 안 될 존재다.

한편, 중개인이라는 직업은 1949년 12월 31일 제정된 법에 의해 공식적으로 규정되었으며, 1997년 5월 30일 시행령을 통해 중개상이 되기 위한 자격 조건이 확정되었다. 중개인이 되려면 상공회의소에서 주관하는 시험을 통과해야 하는데, 이 시험에서는 포도 재배, 양조, 법률 등 와인 산업 전반에 대한 전문 지식을 평가한다.

❹ 네고시앙 Négociant

부르고뉴는 오랫동안 뛰어난 음식과 와인의 고장으로 알려져 왔다. 과거 이 지역의 포도원은 주로 교회와 수도원이 소유하고 있었으나, 1789년 프랑스 대혁명을 계기로 시민들에게 분양되었다. 보르도에서는 귀족과 부르주아 계층이 대규모로 포도원을 소유하게 되었지만, 부르고뉴에서는 상속법에 따라 포도밭이 더욱 세분화되었다.

이로 인해 와인의 유통을 전문적으로 담당하는 네고시앙이 등장했다. 1980년대 초반까지만 해도 부르고뉴에서 생산된 와인의 대부분이 네고시앙을 통해 거래되었으며, 이들은 와인을 숙성·병입하여 시장에 공급하는 중요한 역할을 했다. 부르고뉴에서는 포도가 재배된 곳에서 바로 병입되는 경우가 드물었기 때문에, 네고시앙은 지역 경제의 성장뿐만 아니라 부르고뉴 와인의 명성을 높이는 데도 기여했다.

네고시앙은 생산자와 소비자 사이에서 중개자로서 중요한 역할을 하며, 그들의 주요 업무는 크게 세 가지로 나뉜다. 첫째, 포도 재배 농가로부터 와인이나 포도를 직접 구매하여 품질을 보장한다. 네고시앙은 우수한 와인을 안정적으로 공급하여 증가하는 수요에 대응하는 것이 중요하다. 이들은 포도 재배 농가로부터 포도를 매입해 와인의 품질과 가치를 보장하며, 농가가 수익을 확보할 수 있도록 돕는다. 덕분에 포도 재배업자들은 와인 제조와 판매에 대한 부담 없이 포도 재배에만 집중할 수 있다. 소비자 입장에서도 네고시앙이 엄선한 와인을 신뢰하고 선택할 수 있다는 장점이 있다.

둘째, 매입한 포도나 와인을 자체적으로 양조하거나 숙성 과정을 거쳐 완성도를 높인다. 최근에는 포도 재배부터 병입까지 직접 진행하는 소규모 도멘이 증가하면서, 전통적인 네고시앙의 역할에도 변화가 생겼다. 일부 소규모 네고시앙들은 대형 네고시앙에 흡수되고 있으며, 반대로 대형 네고시앙들은 포도원 인수를 통해 직접 와인을 생산하는 방향으로 사업을 확장하고 있다.

셋째, 이렇게 생산된 와인을 상품화하고 유통하여 시장에 공급하는 역할을 담당한다. 네고시앙들은 단순한 유통업체를 넘어, 18세기 초부터 부르고뉴 와인의 국제적인 인지도를 높이는 데 큰 기여를 해왔다. 부르고뉴는 내륙 지역에 위치해 있어 과거에는 와인 수출이 어려웠으나, 운송 수단이 발달하고 대형 네고시앙들이 등장하면서 해외 시장으로의 진출이 가능해졌다.

현재 부르고뉴의 대표적인 네고시앙 기업으로는 부샤르 뻬르 에 피스Bouchard Père et Fils, 조셉 드루앵Joseph Drouhin, 루이 자도Louis Jadot, 르루아Leroy 등이 있으며, 이들은 포도원도 직접 소유하며 와인 생산과 유통을 함께 담당하고 있다. 또한, 장-마르끄 부알로Jean-Marc Boillot, 미셸 콜랭Michel Colin, 베르나르 모레Bernard Morey, 소제Sauzet 등은 단일 포도 품종을 기반으로 한 포도밭 확장에 집중하고 있다.

현재 부르고뉴에는 약 266개의 네고시앙이 있으며, 이들 기업에는 약 4,000명 이상이 종사하고 있다. 그중 10%는 네고시앙이 직접 소유한 포도밭에서 일하며, 많은 세일즈맨들이 레스토랑과 호텔을 담당하고 있다.

오늘날 많은 네고시앙들은 가족 경영 체제를 유지하면서도, 프랑스 내 다른 와인 산지랑그독, 아르데슈, 발 드 루아르 등와 해외에 포도원을 소유하며 사업을 확장하고 있다. 이들은 부르고뉴 전통 방식을 바탕으로 포도 재배 및 와인 품질 개선에 직접 관여하며, 외국 자본의 영향은 상대적으로 적은 편이다.

확장된 기업을 효과적으로 운영하기 위해, 부르고뉴 네고시앙들은 전통적인 방식에 현대적 기술을 접목하여 효율성을 높이고 있다. 그들의 성공 비결은 도멘에서 생산된 우수한 품질의 와인을 선별하고, 병입 전까지 철저하게 숙성 및 관리하는 과정에 있다. 이러한 노력 덕분에 네고시앙 브랜드는 신뢰받는 이름으로 자리 잡았으며, 부르고뉴 와인의 세계적인 명성을 더욱 강화하고 있다.

다양한 떼루아와 끌리마의 부르고뉴 본Beaune 마을 포도밭

제2장

부르고뉴 떼루아와 끌리마

1.
부르고뉴와 떼루아

일반적으로 떼루아는 와인을 탄생시키는 지역의 토양, 지질, 기후 등 자연환경을 의미하는 개념이다. 그러나 부르고뉴에서는 단순한 자연적 요소를 넘어, 오랜 와인 생산의 역사와 맞물려 독특한 정체성을 형성해 왔다. 같은 지역에서도 포도밭마다 와인의 개성이 다르다는 점을 경험적으로 축적하면서, 이를 기준으로 세분화된 포도밭 구획과 등급 체계를 정립해 왔기 때문이다. 예를 들어, 비슷한 토양을 가진 인접한 포도밭에서 같은 양조가가 만든 와인이라도 빈티지에 따라 해마다 맛이 달라진다. 또한, 가까운 지역에 위치한 리쉬부르와 로마네-쌩-비방 포도밭에서 생산된 와인은 확연히 다른 개성을 보인다. 리쉬부르 와인은 보다 강인하고 풍부한 맛을 지닌 반면, 로마네-쌩-비방 와인은 한층 부드럽고 섬세하다.

반면, 보르도나 랑그독, 남부 론처럼 여러 품종을 혼합해 와인을 양조하는 지역에서는 특정 포도밭의 개성이 상대적으로 덜 강조된다. 이러한 차이 때문에 부르고뉴에서는 떼루아가 와인의 핵심 요소로 자리 잡았다.

떼루아, 그 복합적인 실체

훌륭한 와인을 만들기 위해서는 우수한 떼루아가 필수적이다. 또한, 떼루아에 가장 적합한 포도 품종을 신중하게 선택해 심어야 한다. 품종 선택은 세계적인 기후 변화와 밀접한 관련이 있으며, 해당 지역의 미세기후까지 고려해야 한다.

한편, 떼루아는 잠재적인 가능성으로 존재할 뿐이며, 이를 실제로 구현하는 것은 사람의 몫이다. 포도 품종의 선택, 포도밭의 위치 선정, 기후 변화에 대한 대응 등 인간의 노력과 결정이 개입되어야 비로소 포도가 자라고 와인이 탄생한다. 부르고뉴에서는 수백 년 동안 와인 생산자들이 이러한 역할을 맡아왔으며, 오랜 경험과 지혜가 축적되면서 부르고뉴 와인의 전통과 역사가 형성되었다.

같은 품종이라도 떼루아에 따라 맛과 향이 달라지며, 그 차이는 다른 지역에서 그대로 재현하기 어렵다. 이러한 지역적 개성과 고유한 특성을 반영하는 개념을 '전형성typicity'이라고 한다.

떼루아는 단순히 자연적인 요소에 국한되지 않는다. 포도 품종과 특정 지역이 만나 최상의 조화를 이루는 복합적인 개념이다. 떼루아의 다양한 측면은 다음과 같다.

첫째, 포도 품종과 지역이 빚어내는 완벽한 조화

떼루아는 특정 지역에서 포도 품종이 최적의 상태로 익을 수 있는 환경을 제공한다. 고대 로마의 농학자 콜루멜루스Collumellus는 이미 이 원리를 언급하며, 피노 누아가 현재의 부르고뉴 지역인 파구스 아레브리뉴스Pagus Arebrignus에서 뛰어난 품질을 보인다고 기록했다. 실제로 부르고뉴의 피노 누아, 론의 꼬뜨 로띠 지역의 시라, 뿌이-퓌메와 상세르의 소비뇽 블랑처럼, 포도 품종마다 최상의 떼루아를 만나면 고유한 특성과 잠재력을 최대한 발휘한다.

둘째, 와인에 부여하는 독창적 개성

고유한 떼루아는 와인에 독자적인 개성을 부여하며, 독특한 아로마와 맛을 이끌어 낸다. 이는 앞서 언급한 '전형성'의 개념과도 연결된다. 떼루아는 단순한 지리적 개념이 아니라, 와인의 정체성을 결정짓는 중요한 요소다.

셋째, 다양한 요소가 어우러진 장소

떼루아는 토양, 기후, 지형뿐만 아니라 재배 방식과 인간의 손길까지 포함하는 복합적인 개념이다. 특정 지역의 떼루아를 이해한다는 것은 단순히 자연환경을 분석하는 것이 아니라, 그곳에서 탄생하는 와인의 고유한 이야기를 읽어 내는 과정이기도 하다.

떼루아와 원산지 명칭

전통적인 포도 재배 지역에서는 오랜 세월 동안 사람들이 선호하는 와인 산지가 자연스럽게 형성되었다. 시간이 흐르면서 개성 있는 품질로 명성을 얻은 산지의 이름이 그 와인을 대표하게 되었고, 이는 곧 떼루아의 개념과도 연결된다.

이러한 지역에서 생산된 와인은 일반적인 와인보다 높은 가격에 거래되었지만, 법적인 보호장치가 없던 시기에는 가짜 와인이 성행하기도 했다. 이러한 문제는 1935년, 프랑스에서 원산지 통제 명칭AOC 제도가 확립되면서 해결되었다.

원산지 통제 명칭 제도는 다양한 지역을 명확히 정의하고, 지리적 경계를 설정하며, 각 지방의 특성에 맞는 등급 체계를 마련했다. 이러한 구분은 포도의 생장과 품질에 영향을 미치는 기후, 지형, 지질, 토양 등의 환경을 반영한 것이다. 또한, 각 지역에 가장 적합한 포도 품종, 재배 방식, 그리고 일정 품질 기준을 유지하기 위한 규정까지 포함되었다.

▲ 알록스-꼬르통 주변 지형

2.
끌리마의 의미

부르고뉴의 떼루아는 해양 퇴적암이 풍화되면서 형성된 점토와 석회질 토양을 기반으로 한다. 그러나 부르고뉴의 토양은 지질적 기원과 물리·화학적 조성이 매우 다양하여, 포도원마다 뚜렷한 차이를 보일 뿐만 아니라 같은 마을, 심지어 같은 포도원 내에서도 서로 다른 특징을 보인다.

중세 시대 이후, 부르고뉴 지방의 각 포도밭에는 다른 밭과 구별되는 고유한 이름이 붙여졌는데, 이를 '끌리마Climat'라고 한다. 끌리마는 토양과 지하층, 포도원의 위치와 방향, 미세기후 등의 차이를 반영하며 세밀하게 구획된 포도밭을 의미한다. 이는 오랜 전통을 따라 내려온 와인 생산 방식과 조화를 이루며, 마치 여러 조각이 모여 하나의 그림을 이루는 모자이크처럼 형성된 포도밭이라 할 수 있다.

7세기 초부터 이미 부르고뉴 지방 주브레 샹베르탱 마을의 끌로 드 베즈와 같은 유명한 끌리마에 대한 기록이 남아있다. 부르고뉴 와인은 수 세기에 걸쳐 시토 수도사들과 와인 애호가들의 영향으로 전 세계에 널리 알려졌으며, 끌로 드 부조나 몽라셰 같은 끌리마 이름의 와인들은 프랑스 국경을 넘어 명성을 떨쳤다. 1935년부터 프랑스 와인 원산지 명칭 국가위원회현재의 INAO는 공식적으로

'끌리마'라는 용어를 사용하기 시작했으며, 등급과 관계없이 모든 부르고뉴 원산지 규정 자료에 이를 적용하고 있다. 각 끌리마는 저마다의 독특한 기원과 개성을 반영한 이름을 가지고 있다.

지리적 조건을 반영한 끌리마
레 크라 Les Cras, **레 까이에레** Les Caillerets: 자갈로 이루어진 언덕
레 제쁘노 Les Epenots: 가시덤불과 같은 지형
르 몽라셰 Le Montrachet: '벌거벗은 산'을 의미

인간의 활동과 관련된 끌리마
상 데 샤름 Champs des Charmes, **오 샤름** Aux Charmes: 과거 농토로 사용되다가 휴경지가 된 땅

인간의 삶과 역사에서 유래한 끌리마
라 로마네: 고대 로마 도로 근방에서 유래한 이름
엉트르 되 벨르 Entre Deux Velles: 마을은 아니지만, 갈로-로마 시대의 작은 부락이 있었던 곳
레 메 Les Meix: '메 Meix'는 작은 포도원 마을을 의미

이처럼 끌리마에는 지리, 기후, 프랑스 역사, 고고학, 전통, 지형학, 지명학, 전문 기술, 풍경, 마을, 열정, 조상의 업적, 관습, 문화뿐만 아니라 포도 품종, 양조법, 포도 재배법까지 모두 담겨있다. 끌리마는 단순한 포도밭 구획을 넘어 부르고뉴의 정체성을 형성하는 핵심 요소이며, 떼루아를 부르고뉴식으로 표현한 개념이라 할 수 있다.

끌리마는 엄격한 기준에 따라 등급이 매겨지며, 이는 와인의 품질에 직접적인 영향을 미친다. 오늘날 레드 와인 품종인 피노 누아와 화이트 와인 품종인 샤르도네가 세계적인 명성을 얻게 된 것도 바로 끌리마 덕분이다. 끌리마를 깊이 이해하면, 부르고뉴 와인이 불과 몇 미터 간격으로도 서로 다른 개성을 지니고, 특정 끌리마에서 유독 최상급 와인이 탄생하는 이유를 알 수 있다.

3.
토양과 기후: 떼루아의 본질

떼루아를 결정짓는 요소 중 기후 다음으로 중요한 것이 바로 '토양과 지질'이다. 이를 다음 세 가지 측면에서 살펴볼 수 있다.

> **지형적 특성:** 포도밭이 위치한 지형의 조건과 주변 환경과의 관계
> **지질 유형:** 포도밭의 기반이 되는 모암과 심층토양
> **토양:** 표층토양의 특성과 암반층의 침식 및 퇴적물, 유기물이 포함된 지표면의 흙

특정 지역의 지형, 지질, 그리고 토양이 복합적으로 작용하면서 물리적 구조, 화학적 구성, 수분과 온도, 자양분의 함량이 달라지고, 이는 포도나무 생육에 직접적인 영향을 미친다. 따라서 해당 지역과 마을의 특성을 이해하는 데 중요한 요소이며, 그곳에서 생산된 와인의 품질과 개성을 평가하는 데도 큰 변수가 된다.

지형적 특성

지형적 특성은 포도밭의 방향, 주변 지형, 위치, 고도 등을 포함하며, 이는 토양과 포도나무가 흡수하는 햇빛과 열량에 영향을 미쳐 포도 재배의 중요한 변수로 작용한다. 꼬뜨 드 뉘 지역의 포도밭은 주로 동쪽이나 북동쪽을 향하

고 있으며, 꼬뜨 드 본 지역의 포도밭은 북동향이나 남남서향을 향하는 경우가 많고, 특히 동남쪽 방향으로 노출된 포도원이 많다. 한편, 꼬르통 언덕의 포도원은 남서향을, 주브레-샹베르탱 북쪽의 프리미에 크뤼 포도원은 남남동향을 띠고 있다. 이러한 지역별 지형적 차이로 인해 포도밭이 받는 햇빛의 양이 달라지며, 이는 와인의 개성과 품질에도 영향을 미친다.

   포도밭은 주변 지형과 밀접한 관계를 맺고 있다. 특히, 꼬뜨 도르 서쪽 언덕을 가로지르는 골짜기인 꽁브Le Combes는 이 지역에서 가장 눈에 띄는 지형적 특징 중 하나다. 이곳은 약 2만 년 전 신생대 빙하 활동으로 인해 형성되었으며, 빙하가 이동하면서 만들어졌다. 꼬뜨 드 뉘 지역은 상대적으로 굴곡이 심한 지형을 이루고 있는 반면, 꼬뜨 드 본 지역은 보다 완만한 형태를 띠고 있다. 또한, 포도밭의 서쪽 끝에는 소나무 숲이나 관목 덤불이 자리하고 있어, 이 수풀이 부분적으로 그늘을 제공하며 비와 바람을 막아주는 역할을 한다.

   포도밭의 위치는 와인의 품질을 결정짓는 중요한 요소로, 특히 꼬뜨 도르 지역에서는 언덕 위쪽과 아래쪽 포도밭 사이에 뚜렷한 차이가 나타난다. 이 지역의 포도밭은 해발 240~395미터의 언덕 중턱에 위치하며, 경사면의 기울기는 0도에서 20도 사이에 분포한다. 고도가 높은 포도밭은 기온이 더 낮아 포도의 생장이 느리게 진행되지만, 오히려 골짜기에 위치한 포도밭보다 서리 피해가 적은 편이다. 반면, 경사가 있는 고지대는 침식이 쉽게 일어나 표토가 얇은 특징을 보인다. 이에 반해 낮은 지역은 평탄한 지형으로 퇴적물이 쌓이면서 토양층이 깊어지고, 점토 성분이 많아 배수성이 떨어지는 경향이 있다.

   그랑 크뤼 등 최상급 포도원은 주로 해발 250미터 내외, 평균 경사 5도의 언덕 사면에 자리하고 있다. 이러한 위치는 아침 햇살을 충분히 받을 수 있도록 해주며, 밤에는 찬 바람이나 늦서리의 영향을 덜 받게 한다. 또한 배수 조건이 뛰어나고, 토양은 비교적 척박하지만 토심이 너무 얕지도, 깊지도 않아 적절한 균형을 이룬다. 이러한 환경에서 자라는 포도나무는 부족한 영양분을 보충하기 위해 뿌리를 깊이 뻗어 지하 암반층까지 도달하게 된다.

지질 유형

꼬뜨 도르 지역은 먼 옛날 얕은 바다였으며, 당시 기후는 열대에 가까웠다. 이곳에 서식하던 굴과 조개류 같은 해양 생물들의 잔해가 수천만 년 동안 바다 밑에 퇴적되면서 석회암으로 굳어졌다. 여기에 조약돌과 이판암이 섞이며 배수성이 뛰어난 점토층과 자갈층이 형성되어, 오늘날 꼬뜨 도르의 뛰어난 지질적 특징을 만들어 냈다.

꼬뜨 도르 지역의 지질 단층은 동서를 축으로 남북 방향으로 뻗어있다. 이 지역을 가로지르는 D974번 국도를 기준으로, 유명한 포도밭들은 모두 서쪽에 자리하고 있다. 이곳은 완만한 언덕이 동쪽을 향해있어 포도 재배에 이상적인 환경을 갖추고 있다. 포도밭 표토층을 조금만 파 내려가도 기반암이 나타나지만, 도로 동쪽 지역은 표토층이 깊어 100미터 이상 되는 곳도 있다.

꼬뜨 도르의 두 주요 지역인 꼬뜨 드 뉘와 꼬뜨 드 본은 지질학적 형성 시기와 주요 암반의 특성이 서로 다르다. 꼬뜨 드 뉘 지역은 중기 쥐라기에 형성된 오래된 석회암이 주를 이루는 반면, 꼬뜨 드 본 지역은 후기 쥐라기의 옥스포드 및 키메리지안 계열의 이회토가 중심을 이룬다. 특히, 백색 이회토는 알록스-꼬르통에서 뫼르소 북쪽까지 넓게 퍼져있으며, 라두아 석회석이 발달한 지층은 볼네와 뫼르소 사이에서 자주 발견된다.

토양층이 얕아 석회암 기반암과 바로 맞닿아 있는 지역에서는 우아하고 섬세한 와인이 생산되며, 대표적으로 볼네와 샹볼-뮈지니가 이에 해당한다. 반면, 토양층이 깊은 지역에서는 보다 구조감 있고 견고한 와인이 만들어지며, 뽀마르와 끌로 드 부조가 이러한 스타일을 보여준다.

토양

포도나무가 뿌리를 내리는 토양은 떼루아를 구성하는 중요한 요소 중 하나다. 토양은 표면에 가까운 표층토양과 깊은 곳에 자리한 심층토양 암반층을 포함한다. 토양의 구조와 구성 성분에 따라 와인의 품질이 달라질 수 있다. 포도밭에 적합한 이상적인 토양은 지나치게 비옥하지 않으며 배수가 잘되는 표토와 적절한 수분을 유지할 수 있는 심토로 이루어져야 한다. 포도 품종마다 최적의 토양이 존재한다. 예를 들어, 석회질 토양에서는 피노 누아, 이회암에서 형성된 찰흙질 토양에서는 샤르도네, 화강암질 토양에서는 가메 품종이 잘 자란다. 물론 다른 토양에서도 포도를 재배할 수 있지만, 최적의 환경에서 자란 포도에 비해 품질이 떨어질 가능성이 높다.

꼬뜨 도르 지역의 토양은 약 1만 년 전 온난한 기후 변화로 인해 크게 변모했다. 이 지역의 풍경이 툰드라에서 숲으로 변하면서, 암반의 침식과 부유물의 퇴적으로 인해 풍부한 유기물 성분이 토양에 섞이게 되었다. 이러한 변화는 포도 재배에 이상적인 환경을 조성하는 데 중요한 역할을 했다. 아래는 꼬뜨 도르 지역의 주요 지질층과 암석 유형을 정리한 내용이다.

사질 이회토 Sandy Marl: 손 계곡 동쪽에 위치한 포도밭의 주요 기반암을 형성하며, 점토와 석회석이 혼합된 특징을 갖는다. 이 토양은 꾸쉬 Couchey, 샹베르탱, 픽생 Fixin, 그리고 마르사네 지역에서 발견된다.

갯나리류 석회암 Crinoidal Limestone: 바다 갯나리 Crinoid 또는 해양 백합과 동물의 잔해가 퇴적되어 형성된 암석으로, 여러 그랑 크뤼 포도원의 주요 기반암으로 나타난다. 특히 본–마르 Bonnes-Mares, 끌로 드 베즈, 끌로 드 따르 Clos de Tart 그리고 본 지역의 레 쉬쇼 Les Suchots 저지대에서 발견된다.

바다화석 이회토 Ostrea acuminata Marl: 점토와 이회토가 혼합된 해저 지반에 작은 갯나리류 굴이 부착되면서 형성된 토양이다. 이 토양은 매우 부드럽고 잘 부서지며, 쉽게 부식되는 특징을 가진다. 특히 본–마르 중앙부, 로마네 꽁티 Romanée-Conti 정상부, 끌로 드 따르, 그리고 라 따슈 La Tâche 저지대에서 발견된다.

패각 석회암 Shell Limestone: 석회석과 이회토의 중간적인 특성을 가진 암석이다. 주로 뉘 Nuits와 본 사이의 언덕 지역과 부도 Boudots 주변 언덕 중간부에서 많이 발견된다.

프레모 석회암 Premaux Limestone: 열대 기후 속 늪지대 환경에서 형성된 암석으로, 연분홍빛 또는 흰색을 띠는 경우가 많다. 알갱이 없이 고운 질감을 가진 순백색 석회암으로, 규사토나 전형적인 석회암의 특징을 지닌다. 꼬뜨 드 뉘 여러 지역에서 발견되며, 대표적으로 그랑 크뤼 뤼쇼뜨 Ruchottes 와 끌로 드 베즈의 상부, 라 따슈의 윗부분, 그리고 본–로마네 Vosne-Romanée의 넓은 구역에서 확인할 수 있다.

흰색 계란모양 석회암 Miami Limestone: 바다 밑바닥이 강한 파형의 충격을 받으며 형성된 암석이다. 꼬뜨 도르 지역의 주요 석회암층은 프레모 석회암과 꽁블랑시안 석회암 Comblanchien Limestone 으로 구성되며, 이 두 지층 사이에 흰색 계란모양 석회암이 층을 이루고 있다.

꽁블랑시안 석회암 Comblanchien Limestone: 습지 환경에서 오랜 기간 동안 퇴적되며 형성된 매우 단단한 암석으로, 석회질 함량이 99%에 달한다. 점토 함유량이 낮고 다른 퇴적물이나 모래가 거의 섞이지 않아 밝고 깨끗한 색상을 띤다. 주로 꼬뜨 드 뉘 지역의 산봉우리 포도원에서 흔히 발견된다.

라두아 석회암 Ladoix Limestone: 디종에서 꼬르통 지역까지의 상부에서 주로 발견되며, 바다 조수의 영향을 받아 모래 성분이 일부 섞이며 형성된 석회암이다. 볼네 Volnay 윗부분을 비롯해 뫼르소 Meursault, 몽뗄리 Monthélie, 그리고 볼네가 맞닿는 지점에서도 나타난다.

떼루아에 대한 현대적 관점에서는 토양이 불변하는 것이 아니라, 인간의 활동과 노력에 따라 변화할 수 있는 요소로 본다. 실제로 꼬뜨 도르의 토양도 시간이 흐르며 점진적으로 변해왔다. 끌로 드 부조 포도원의 하부에는 작은 길들이 나 있는데, 이는 객토 토양 교체 작업을 통해 만들어진 것이다. 토양 개량에 대한 기록은 중세 문헌에서도 찾아볼 수 있으며, 로마네–꽁티와 같은 명성 높은 포도원에서도 객토 작업이 이루어진 바 있다. 비료 사용, 쟁기질, 그리고 현대적인 기계화 작업은 토양의 구조를 변화시키고 배수 능력을 향상시키며, 미생물이 서식하기 좋은 환경을 조성하여 토양을 더욱 건강하고 비옥하게 만들어 준다.

일찍이 이곳의 수도사들은 꼬뜨 드 뉘 지역이 완만한 경사와 배수가 잘되는 활성화된 석회암으로 이루어져 있어 피노 누아 Pinot Noir 재배에 최적의 환경을 갖추고 있음을 발견했다.

그리고 석회암보다 점토 함량이 높은 이회토 중심의 꼬뜨 드 본 지역은 수백 년간의 경험을 통해 샤르도네 재배에 적합한 곳으로 자리 잡았다. 샤블리 지역에는 키메리지안Kimmeridgian 이회토가 풍부하며, 꼬르똥-샤를마뉴Corton-Charlemagne와 꼬뜨 드 본 남쪽 지역 또한 이회토가 넉넉하게 분포하고 있다.

참고로 꼬르똥 언덕은 꼬뜨 드 뉘와 꼬뜨 드 본 사이에 위치하며, 적포도와 청포도 재배 지역의 경계선에 놓여있다. 이회토가 풍부한 언덕 상부에서는 꼬르똥-샤를마뉴처럼 샤르도네가 주로 재배되며, 반대로 동쪽의 낮은 지역은 쥐라기 전기에 형성된 석회암이 많은 토양으로, 피노 누아 재배에 적합한 환경을 이룬다.

기후 요인과 포도나무

떼루아는 기본적으로 기후 조건에 의해 결정된다. 안정적인 기후는 포도의 건강한 생장을 돕고, 적절한 산도와 알코올, 페놀 성분을 갖춘 균형 잡힌 포도송이를 맺게 한다. 부르고뉴 지역이 떼루아 철학의 중심지로 여겨지는 이유는, 세 가지 서로 다른 기후대가 겹치는 독특한 환경을 지니고 있기 때문이다.

봄과 가을에는 서쪽에서 불어오는 해양성 기후가 부드러운 영향을 미친다. 여름에는 남쪽에서 올라오는 지중해성 기후가 부르고뉴 남부에서 마르사네-라-꼬뜨Marsannay-la-Côte까지 영향을 주며, 그보다 북쪽에서도 독특한 미세기후를 형성한다. 겨울에는 북동쪽에서 내려오는 대륙성 기후로 인해 춥고 건조한 날씨가 지속된다. 이러한 복합적인 기후 변화는 부르고뉴를 대표하는 샤르도네와 피노 누아의 품질을 더욱 뛰어나게 하며, 와인에 무한한 다양성과 고유한 정체성을 부여한다.

기후는 떼루아의 범위에 따라 세 가지로 구분할 수 있다. 거시기후 또는 지역기후는 비교적 넓은 지역의 평균적인 기후를 의미한다. 중간기후 또는 현지기후는 거시기후 속에서도 특정한 조건이 적용되는 경우를 말하며, 동일한 방향을 가진 비탈 등이 그 예에 해당한다. 중간기후는 종종 미세기후와 혼동되기도 하지만, 미세기후는 단일 포도밭처럼 극히 제한된 작은 면적의 기후를 가리킨다.

기본적인 기후 요인에는 다음의 세 가지가 있다: 일조량, 온도, 그리고 물. 이러한 요인들은 다시 지형 지세나 빈티지, 토양의 종류 등에 의해 영향을 받는다.

일조량

일조량은 녹색식물이 광합성을 통해 당분을 합성하는 데 필수적인 요소다. 포도가 자라는 동안에는 최소 1,300시간 이상의 일조량이 필요하지만, 지역적인 지형과 환경에 따라 부족한 일조량을 보완할 수도 있다. 예를 들어, 꼬뜨 도르 지역처럼 포도밭이 남향, 남서향, 남동향의 경사지에 위치할 경우, 경사의 각도가 클수록 빛을 더 많이 받아 평지보다 유리한 조건을 갖출 수 있다. 다만, 경사의 움푹 팬 부분이나 아래쪽 지형은 찬 공기가 모이면서 기온이 낮아져 냉해를 입거나 성장을 방해할 위험이 있다.

온도

온도는 포도나무의 생장과 포도의 성숙을 결정하는 중요한 요인이다. 기온이 연평균 섭씨 10도 이하로 떨어지면 포도 재배가 어렵고, 일부 예외도 있으나 대부분의 포도 품종이 자라는 시기의 적산온도積算溫度, 포도가 성장하는 기간 동안 10도 이상으로 누적된 온도의 합는 최소 섭씨 1,000도 이상이어야 한다. 부르고뉴 지역은 북위 46~47도선을 따라 위치하며, 특히 꼬뜨 도르는 유럽에서 레드 와인을 생산할 수 있는 최북단 지역으로 알려져 있다.

부르고뉴에서 포도가 충분히 익는 데 걸리는 시간은 장점이 될 수도, 단점이 될 수도 있다. 비교적 긴 재배 기간은 포도의 섬세하고 복합적인 향미를 발전시키는 데 유리하지만, 날씨가 좋지 않은 해에는 밋밋하고 개성이 부족한 와인이 만들어질 위험도 있다. 또한, 품종마다 필요한 온도 조건이 다르기 때문에, 이는 포도 재배 지역 내에서 각 품종이 어디에서 재배될지를 결정짓는 중요한 요소가 된다.

물

포도 재배에서 기후적 요인 중 물은 가장 결정적인 역할을 한다. 물은 식물의 신진대사를 돕고, 생화학적 반응에 관여하며, 합성된 물질을 운반하는 데 필수적이다. 또한 증발을 통해 식물의 과열을 방지하고, 뿌리가 토양에서 미네랄을 흡수하는 데 중요한 역할을 한다. 프랑스에서는 포도밭의 수분 공급이 오직 자연 강수에 의존하며, 관개는 지중해 인근 일부 지역에서만 제한적으로 허용된다. 그러나 같은 강우량이라도 지역의 특성에 따라 포도나무가 실제로 적절한 양의 물을 공급받았는지는 다를 수 있다.

4.
주요 포도 품종

인류의 역사와 기후 변화 속에서 포도나무는 변화를 거듭하며 적응해 왔고, 오늘날 우리에게 큰 기쁨을 선사하고 있다. 현재 재배되고 있는 대부분의 포도나무, 특히 프랑스에서 널리 재배되는 품종은 비티스 비니페라 Vitis Vinifera 종에 속한다. 이 종에 속하는 포도들은 세파주 Cépage 라고 불리며, 와인 양조에 적합한 품종으로 알려져 있다.

기원전 3~4세기경 프랑스에서 포도 묘목이 처음 재배되기 시작한 이후, 프랑스 내 포도 재배의 발전은 중세 수도원의 성장과 함께 이루어졌다. 수도사들은 포도 재배를 상업적인 단계로 끌어올리며 와인 산업 전반에 큰 기여를 했다. 그중에서도 가장 뛰어난 성과는 단연 부르고뉴 포도밭이었다. 특히, 부르고뉴의 극도로 세분화된 떼루아 개념인 끌리마는 수도사들의 세심하고 끈질긴 노력의 산물이다.

부르고뉴 와인의 대부분은 피노 누아와 샤르도네 두 가지 포도 품종으로 만들어진다. 이 두 품종이 부르고뉴 와인의 명성을 전 세계에 널리 알린 주역이라 할 수 있다. 참고로, 비록 소량이기는 하지만 알리고떼와 가메로 만든 와인도 소량 생산된다.

그런데 부르고뉴를 대표하는 단 하나의 포도를 선택해야 한다면, 대부분 피노 누아를 꼽을 것이다. 화이트 와인을 만드는 샤르도네는 재배가 비교적 쉬운 편이며, 특정 지역에 국한되지 않고 세계 곳곳에서 잘 자라기 때문에 보편적인 품종으로 자리 잡았다.

하지만 피노 누아는 다르다. 이 품종은 극도로 예민하고 재배가 까다로워, 양질의 포도를 얻기가 쉽지 않다. 현재 미국, 호주, 뉴질랜드, 남아프리카공화국의 일부 지역에서도 피노 누아를 재배하며 와인을 생산하고 있다. 그러나 피노 누아가 가장 빛을 발하는 곳은 단연 부르고뉴의 꼬뜨 도르 지역이다. 이곳에서는 수백 년에 걸쳐 최적의 재배 방식이 정착되었고, 그 결과 최상의 품질을 자랑하는 와인이 탄생했다.

포도 품종의 분류와 이해

전 세계에서 재배되는 포도 품종의 수를 정확히 집계하는 것은 거의 불가능하지만, 대략 5,000종에 이를 것으로 추정된다. 이 수치는 품종 간 교배로 탄생한 하이브리드는 포함하지 않은 것이다. 각 지역에서는 오랜 기간 자신들만의 명칭을 사용해 왔기 때문에, 동일한 품종이라도 나라나 지역에 따라 다른 이름이 붙는 경우가 많다. 반면, 유전적으로 차이가 있어 품질이 다르게 나타날 수 있는 묘목들이 동일한 품종으로 분류되기도 한다. 이런 요인들이 혼란을 일으키며, 포도 품종의 세계는 한마디로 매우 복잡하다.

포도 품종을 이해하는 것은 와인의 세계를 탐구하는 데 중요한 첫걸음이 된다. 각 품종이 어떤 특성을 지니고 있는지 알고 나면, 와인의 맛과 향을 보다 깊이 있게 즐길 수 있을 것이다.

포도 품종은 여러 가지 기준으로 분류할 수 있다.

식물학적 특징에 따른 분류: 잎과 포도송이의 형태에 따라 품종을 그룹으로 나누기도 하는데, 대표적인 그룹으로 뮈스까Muscat계, 피노Pinot계, 말부아지Malvoisie계 등이 있다.

지리적 분류: 포도 재배가 활발한 국가나 지역에 따라 품종을 구분할 수도 있다. 예를 들어, 프랑스, 독일, 스페인, 이탈리아, 포르투갈 등 각 나라에서 특색 있는 포도 품종이 재배된다. 현재 전 세계적으로 고품질 포도 품종은 약 30가지로 알려져 있으며, 이 중 상당수가 프랑스에서 유래되었다.

용도에 따른 분류: 와인 양조용, 증류주 제조용, 그리고 식용으로 나눌 수 있다.

양조용 포도 품종은 당도가 높고 즙이 풍부한 열매를 맺는 것이 특징이다. 이러한 품종은 크게 두 가지로 나눌 수 있다. 첫 번째는 비티스 비니페라 계열의 '추천' 포도 품종으로, 고품질 와인 생산에 적합한 품종들이다. 대표적으로 피노 누아, 샤르도네, 까베르네 소비뇽, 리슬링, 쉬라, 그르나슈 등이 있다. 두 번째는 주로 대량 생산과 소비를 위한 '허용' 포도 품종으로, 생산성이 높고 테이블 와인 제조에 자주 사용된다. 대표적인 품종으로는 아라몽Aramon과 우니 블랑Ugni Blanc 등이 있다. 이처럼 양조용 포도 품종은 품질과 용도에 따라 구분되며, 각 품종이 가진 특성은 와인의 스타일과 개성을 결정짓는 중요한 요소가 된다.

프랑스 각 행정구역에서는 추천 포도 품종과 허용 포도 품종 목록이 법적으로 정해져 있다. 이는 원산지 통제 명칭AOC과 생산지 통제 우수 와인VDQS 등급과 밀접한 관련이 있으며, 특정 지역의 와인이 해당 등급을 받기 위해서는 법적으로 승인된 포도 묘목을 사용해야 한다. 이를 위해 프랑스 정부는 시행령을 통해 허용 포도 품종 목록을 공식적으로 명시하며, 일부 품종에 대해서는 최대 사용 비율을 제한하거나 정해진 기간 내에 달성해야 할 최소 재배 비율을 규정하기도 한다. 이러한 규제는 와인의 품질과 개성을 유지하는 동시에, 각 지역의 전통적인 와인 생산 방식을 보호하고 특정 품종의 과도한 사용을 방지하기 위한 중요한 기준이 된다.

피노 누아

부르고뉴 와인의 상징적인 품종인 피노 누아는 부르고뉴가 그 고향이며, 포도송이가 솔방울처럼 생긴 데서 '피노Pinot, 프랑스어로 소나무를 뜻하는 pin에서 유래'라는 이름을 갖게 되었다. 이 품종의 변종으로는 피노 그리 Pinot Gris, 피노 블랑Pinot Blanc, 피노 뮈니에 Pinot Meunier 등이 있지만, 가장 대표적이면서도 고급 품종으로 손꼽히는 것은 단연 피노 누아다. 전 세계의 많은 와인 장인들이 이 품종으로 훌륭한 와인을 만들기 위해 도전하지만, 피노 누아는 기후 변화에 민감하고 토양의 구조와 구성 성분에 따라 품질이 크게 좌우되는 섬세한 품종이다. 그만큼 재배와 양조가 까다롭지만, 적절한 환경과 정성을 만나면 뛰어난 와인으로 탄생하는 품종이기도 하다.

떼루아 및 포도 재배

피노 누아 품종은 비교적 선선한 기후에서 천천히 익으며, 그 과정에서 잠재된 뛰어난 특성을 발현하는 경향이 있다. 이 품종은 자연적으로 생명력이 강한 편이지만, 식재 및 새순이 돋아나는 시기에 적절한 관리가 필요하다. 특히, 봄철 새순이 이른 시기에 발아하기 때문에 서리 피해를 입을 위험이 크다. 피노 누아는 포도알이 익는 시간이 긴 편이며, 높은 온도가 아니어도 충분히 생장할 수 있다. 그러나 포도 껍질이 얇아 외부 환경에 민감하며, 특히 병해충에 취약한 특성을 가지고 있다.

피노 누아는 저지대의 습도가 높은 토양에서는 좋은 품질을 기대하기 어렵다. 대신, 햇볕이 충분히 들고 바람이 잘 통하는 동남향의 언덕에 자리 잡은 포도밭이 이상적인 환경이다. 더운 지역에서 재배된 피노 누아는 익는 속도가 지나치게 빨라져, 원래의 섬세한 아로마와 신선한 향, 그리고 균형 잡힌 산도를 잃고 평범한 포도 품종으로 전락할 위험이 크다. 따라서, 피노 누아의 특성을 잘 살린 와인을 만들기 위해서는 양조 과정에서도 신중한 접근이 필요하다. 과도한 추출을 피하고, 오크 사용을 절제하는 등 섬세한 스타일을 유지하는 데 집중해야 한다.

피노 누아는 적당한 양의 질소와 점토를 함유한 석회질 토양에서 가장 잘 자란다. 하지만 질소 함량이 지나치게 높으면 포도나무가 과도하게 자라면서 회색곰팡이병에 쉽게 걸릴 위험이 있다. 반대로, 토양의 질소 함량이 너무 낮으면 와인에서 황화수소와 같은 바람직하지 않은 화합물이 형성될 수 있다. 이는 포도나무가 오래될수록 더욱 심화되며, 시간이 지나면서 토양 내 질소 비율이 자연스럽게 증가하는 현상과도 관련이 있다. 따라서, 피노 누아의 최적 생육 환경을 유지하려면 토양의 질소 균형을 세심하게 관리하는 것이 중요하다.

피노 누아 포도는 포도 과육에 다른 품종들보다 높은 비율의 향기와 아로마 관련 물질을 함유하고 있다. 석회질과 이회암, 진흙질 같은 토양에서 좋은 결과를 얻는데, 부르고뉴 꼬뜨 드 뉘와 같은 곳이 떼루아의 뉘앙스를 최고의 수준으로 표현해 낼 수 있는 전형적인 지형이다.

피노 누아는 재배와 양조 과정이 까다로워 해마다 품질 편차가 큰 편이지만, 잘 만들어졌을 때 그 매력은 탁월하다. 이러한 섬세한 특성 덕분에 와인은 생산지의 떼루아를 그대로 반영할 수 있다. 피노 누아는 프랑스 샹파뉴 지역에서 스파클링 와인의 주요 품종으로 사용되며, 알자스, 독일, 스위스 등 유럽의 서늘한 지역을 대표하는 레드 와인 품종이기도 하다. 신세계 와인 산지 중에서는 미국 오리건주, 캘리포니아의 러시안 리버 밸리, 산타마리아, 산타바바라, 그리고 뉴질랜드 등의 서늘한 기후에서 성공적으로 재배되고 있다. 다만, 부르고뉴산 피노 누아에 비해 탄닌과 산도가 낮고 덜 드라이하며, 과일 향이 더욱 풍부해 부드럽고 매끈한 질감이 특징이다.

와인 특징

피노 누아는 '비탄의 포도'라는 별칭을 가지고 있는데, 이는 그 까다로운 특성에서 비롯된다. 이 품종으로 정교하게 빚어진 와인은 비교할 수 없는 세련미와 우아함을 자랑하지만, 재배가 어렵고 변덕스러운 성질을 지니고 있다. 와인 생산자들과 애호가들에게 감탄을 자아내기도 하지만, 때로는 큰 실망을 안겨주기도 한다. 이러한 이유로 많은 와인 메이커들은 여전히 피노 누아를 하나의 커다란 도전으로 여기고 있다.

피노 누아는 주요 적포도 품종들에 비해 색상이 옅은 것이 특징이다. 적포도 품종 중 유일하게 색소 형성을 촉진하는 프로시아니딘procyanidin을 함유하지 않으며, 충분히 익더라도 색이 더 진해지지 않는 독특한 특성을 지닌다. 양조 초기의 피노 누아 와인은 보랏빛을 띠지만, 시간이 지날수록 깊은 진홍색으로 변한다. 탄닌 함량이 낮은 편이기 때문에 오랜 숙성을 위해서는 높은 산도가 필수적이며, 이러한 특성으로 인해 양조 과정에서도 더욱 세심한 관리가 요구된다.

피노 누아 와인은 딸기, 체리 등 붉은 과일 향이 풍부하며, 부드러운 질감과 비교적 가벼운 바디감을 지닌다. 탄닌 함량이 적어 마셨을 때 부드러운 촉감을 선사하며, 특유의 산도가 조화를 이루어 긴 여운을 남긴다. 매력적인 루비색을 띠며, 오랜 숙성을 필요로 하지 않는 미디엄 바디 와인으로서 섬세하면서도 우아한 맛을 즐길 수 있다.

숙성된 피노 누아 와인은 체리와 베리류의 신선한 과일 향에서 점차 변화하며 흙 내음, 버섯 향, 나뭇잎 같은 대지의 향을 더욱 깊이 표현하게 된다. 또한, 은은한 시가 향과 초콜릿 향이 더해져 한층 복합적인 아로마를 형성한다. 특히, 꼬뜨 도르에서 생산되는 피노 누아 와인의 스타일은 매우 다양하다. 부르고뉴 그랑 크뤼를 생산하는 마을 단위의 피노 누아는 강렬하면서도 복합적인 향과 탄탄한 바디감을 지니며, 입안에서 깊고 풍부한 질감이 오래도록 이어지는 잔향으로 유명하다.

샤르도네

샤블리를 대표로 하는 부르고뉴산 샤르도네 와인은 이제 세계 각지로 퍼져나가, 다양한 지역에서 생산·유통되면서 화이트 와인의 대표주자로 자리 잡았다. 최근 수십 년간 와인 애호가들 사이에서 "오로지 샤르도네만!"이라는 슬로건이 널리 유행함에 따라 샤르도네 와인은 소비뇽 블랑이나 피노 그리지오를 뛰어넘는 인기를 누려왔다.

샤르도네 포도는 재배가 비교적 쉬운 편이며, 와인 양조 과정에서도 다루기 용이한 품종이다. 생장력이 강하고 열매가 풍성하게 열리는 특성이 있어, 적절한 가지치기를 통해 생산량을 조절하는 것이 중요하다. 가지치기를 소홀히 하면 포도가 지나치게 많이 열려 품질이 저하되고, 산도가 떨어져 와인 양조에 문제가 발생할 수 있다.

샤르도네 와인은 열대과일의 풍미와 높은 알코올 도수를 지니며, 묵직하고 풍부한 질감이 특징이다. 그러나 포도가 지나치게 익으면 멜론, 망고, 파인애플 등 열대과일 향이 과하게 강해지고, 질감 또한 다소 끈적이고 기름진 느낌으로 변할 수 있다. 따라서 균형 잡힌 맛과 향을 유지하기 위해 적절한 수확 시점을 조절하는 것이 중요하다.

샤르도네 와인의 특징은 기후와 오크 숙성 여부에 따라 크게 달라지며, 토양의 영향으로도 향이 추가될 수 있다. 예를 들어, 석회질 토양에서 재배된 샤르도네는 특유의 미네랄 향을 띤다. 또한, 오크통 숙성 여부에 따라 와인의 맛과 향이 변화한다. 오크통을 사용하지 않은 경우, 사과나 레몬과 같은 신선하고 가벼운 과일 향이 강조되며, 와인은 깔끔하고 생동감 있는 스타일이 된다. 이 때, 토양으로부터 얻은 미네랄과 암석 풍미가 더욱 두드러질 수 있다.

반면, 오크통에서 숙성된 샤르도네는 버터, 견과류, 캐러멜, 훈연, 그리고 갓 구운 빵과 같은 복합적인 향을 지니며, 색상이 더 짙어지고 바디감도 한층 풍부해진다. 이러한 스타일의 대표적인 예로는 부르고뉴 꼬뜨 드 본에서 생산되는 고급 샤르도네 화이트 와인이 있다.

떼루아 및 포도 재배

샤르도네 포도는 그 특성과 재배 방식 덕분에 우수한 와인을 만들기에 적합한 품종이다. 리슬링과 마찬가지로 비교적 많은 생산량에도 불구하고 뛰어난 품질의 와인을 얻을 수 있다는 장점이 있다. 일반적으로 피노 누아의 이상적인 수확량이 1헥타르당 35헥토리터 수준이라면, 샤르도네는 45헥토리터에 이를 정도로 생산성이 높다. 그러나 최근에는 일부 도멘들이 생산량을 더욱 줄이려는 경향을 보인다. 이는 포도 수확량을 제한하고 열매 크기를 작게 조절할수록 보다 개성이 강하고 집중도가 높은 와인을 만들 수 있기 때문이다.

피노 누아와 달리, 샤르도네는 포도나무의 적절한 수령이 품질에 중요한 영향을 미친다. 이 품종은 오래된 포도나무보다 약 10년 정도 된 비교적 젊은 나무에서 가장 뛰어난 품질의 와인을 생산할 수 있다. 젊은 포도나무의 열매는 신선한 과일 향과 균형 잡힌 구조를 지니며, 샤르도네 특유의 우아한 개성을 잘 표현해 낸다.

샤르도네는 봄철 새싹이 이른 시기에 돋아나기 때문에 냉해나 늦서리의 피해를 입기 쉽다. 특히 겨울 추위가 심한 지역에서는 싹눈이 얼어 죽거나, 심한 경우 포도나무 자체가 동해를 입을 위험도 있다. 또한, 샤르도네는 탄저병과 잎마름병 같은 병충해에도 취약한 편이므로, 재배 과정에서 철저한 관리와 예방이 필수적이다.

샤르도네는 성장력이 왕성하고 열매를 많이 맺는 특성을 지니며, 흙 속의 질소와 천연 비료 성분을 소모하는 경향이 있어 수확량을 적절히 조절하는 기술이 필요하다. 재배 기간이 비교적 긴 편이며, 포도송이에 당분은 충분히 축적되지만 향미가 완전히 발현되지 않는 경우도 있어 수확 시점을 신중하게 결정해야 한다. 특히, 지나치게 높은 온도에서는 포도 열매의 무게가 줄어드는 대신 당도가 급격히 상승할 수 있어, 이상적인 균형을 맞추는 것이 중요하다.

주요 산지

부르고뉴 지역에서 수 세기 동안 재배되어 온 샤르도네 품종은 꼬뜨 드 본, 꼬뜨 샬로네즈, 마꼬네, 그리고 샤블리 지역의 화이트 와인을 세계적으로 명성 있게 만든 주역이다.

부르고뉴 지방에서 가장 중요한 과제는 샤르도네 품종이 가진 고유한 정체성을 유지하면서 각 지역의 떼루아를 제대로 반영한 와인을 만드는 것이다. 같은 샤르도네 품종이라도 샤블리나 뻴리니, 꼬르통, 마꽁에서 생산된 와인은 각각 뚜렷한 개성을 지니며, 때로는 극명한 차이를 보인다. 이러한 차이는 지역별 토양의 다양성에서 비롯되는데, 샤블리는 키메리지안 점토층 덕분에 높은 산도를 가지며, 마꼬네 지역의 토양은 비교적 중립적인 성향을 띤다. 반면, 꼬뜨 도르 남부 지역은 점토와 석회석이 혼합된 토양을 이루고 있어 또 다른 특색을 드러낸다.

샤블리와 같은 석회질 토양의 서늘한 기후에서 자란 샤르도네는 사과, 레몬, 라임, 배와 같은 상큼한 과일 향을 지니며, 드라이하고, 높은 산도와 가벼운 바디, 그리고 깔끔한 뒷맛을 특징으로 한다. 반면, 부르고뉴의 뫼르소나 몽라셰와 같은 지역에서 생산되는 프리미에 크뤼 및 그랑 크뤼 와인은 병에서 10년 이상 숙성되면서 견과류, 복숭아, 감귤류, 꿀 향이 어우러진 섬세하면서도 풍부한 복합미를 갖춘 와인으로 발전한다. 참고로, 샹파뉴 지역에서는 샤르도네를 단독으로 사용해 정교하고 우아한 블랑 드 블랑 샴페인을 생산하기도 한다.

와인 특징

샤르도네 포도는 피노 누아만큼 알이 작지만, 더 길고 포도알이 조밀하게 붙어있으며, 금빛을 띠는 우아한 포도송이로 자란다. 이 품종은 균일한 품질을 유지하면서도 마시기 편한 와인을 만들 수 있어 특히 매력적인 청포도로 평가받는다. 이러한 특성 덕분에 많은 소비자들의 사랑을 받으며, 전 세계적으로 가장 인기 있는 포도 품종 중 하나로 자리 잡았다.

이 와인은 산도가 과하지 않아 다양한 음식과 잘 어울리며, 과일 향과 알코올의 균형이 절묘하게 어우러진 개성 있는 화이트 와인이다. 잘 익은 샤르도네로 만든 와인은 풍부하면서도 부드러운 질감을 지니며, 파인애플이나 구아버 같은 열대 과일의 향이 두드러지는 경우가 많다. 샤르도네 와인은 신선함과 복합적인 매력을 동시에 갖추고 있으며, 마지막에는 황홀한 여운을 남긴다. 한 모금 넘긴 뒤에도 섬세한 향이 입안에 은은하게 퍼지며 긴 여운을 선사한다.

샤르도네 와인이 깔끔한 스타일이 좋은지, 부드럽고 유연한 스타일이 더 매력적인지는 결국 개인의 취향에 따라 달라진다. 요즘은 너무 무겁지 않으면서도 적당한 무게감을 지닌 와인이 특히 인기를 끌고 있다. 예를 들어, 그랑 크뤼 등급인 슈발리에-몽라셰 와인은 섬세하면서도 뉘앙스가 풍부하며, 깊고 그윽한 향미와 긴 여운이 인상적인 와인이다. 약간 묵직한 느낌이 있지만, 동시에

싱그러운 과일 향도 조화를 이루어 샤르도네의 매력을 균형감 있게 보여준다.

오늘날에는 오크통을 사용하지 않고 양조한 샤르도네 와인이 소비자들 사이에서 인기를 끌며 하나의 트렌드로 자리 잡고 있다. 그 대표적인 예가 샤블리의 루이 미셸Louis Michel 와인이다. 일반적으로 오크 숙성이 와인의 장기 보존에 필수적이라고 생각할 수도 있지만, 실제로는 스테인리스에서 양조된 와인도 오래 숙성할 수 있으며, 오히려 샤르도네의 순수한 개성과 떼루아를 더욱 명확하게 표현할 수 있다.

부르고뉴 샤르도네는 숙성 초기의 신선한 꽃향기와 미네랄 향이 살아 있을 때 즐겨도 좋고, 오랜 숙성을 거쳐 안정된 깊이를 가진 상태에서 마셔도 훌륭하다. 일반적으로 화이트 와인은 싱싱할 때 마시는 것이 가장 좋다고 알려져 있지만, 꼬뜨 도르에서 최소 3~5년 이상 숙성된 샤르도네 와인은 예외적인 매력을 지닌다. 특히, 20년 이상 숙성된 슈발리에-몽라셰, 꼬르통-샤를마뉴, 또는 그랑 크뤼 샤블리 와인을 시음해 보면 복합적인 뉘앙스와 다채로운 향, 그리고 깊이 있는 아로마에 감탄하게 된다. 이처럼 장기 숙성된 부르고뉴 샤르도네는 고상하고 귀족적인 풍미를 선사하며, 시간이 빚어낸 독보적인 품격을 경험할 수 있게 해준다.

알리고떼

알리고떼는 비교적 개성이 뚜렷한 화이트 와인 품종으로, 샤르도네에 비해 포도알이 크고 한 송이에 달리는 알의 수도 더 많다. 이러한 특성 덕분에 신선하고 경쾌한 스타일의 와인을 만들기에 적합하며, 부르고뉴에서 꾸준한 사랑을 받고 있다.

와인 생산자들은 알리고떼 품종을 사용해 부르고뉴 지방 단위 아뺄라시옹 와인인 부르고뉴 알리고떼를 생산한다. 이 품종은 상대적으로 주목받지 못하는 경우가 많았지만, 100% 알리고떼로 만든 마을 단위 아뺄라시옹 와인 부즈롱Bouzeron이 1998년 공식적으로 인정받으면서 그 가치를 다시금 인정받게 되었다. 또한, 샤르도네, 피노 누아, 가메와 마찬가지로 알리고떼 역시 크레망 드 부르고뉴를 만드는 데 활용되며, 신선하고 생동감 있는 와인 스타일을 완성하는 데 기여하고 있다.

한때 부르고뉴에서 알리고떼는 다소 이질적인 존재로 여겨지기도 했다. 하지만 이 품종으로 만든 와인은 산뜻하고 상큼한 매력을 지니고 있다. 특히, 신맛이 도드라지는 알리고떼 와인은 크렘 드 카시스와 섞어 만드는 유명한 칵테일 까농 키르 드 디종Canon Kir de Dijon의 기본 재료로 널리 사용되었다. 오늘날에도 이 클래식한 음료는 쉽게 찾아볼 수 있으며, 여전히 많은 이들에게 사랑받고 있다.

상대적으로 외곽에 위치하거나 재배 조건이 썩 좋지 않은 포도밭에서는 샤르도네 대신 알리고떼를 심는 경우가 많으며, 꼬르통–샤를마뉴 지역도 예외는 아니다. 일반적으로 알리고떼 와인은 병입 후 1년 이내에 마시는 것이 가장 신선한 맛을 즐길 수 있다.

가메

가메라는 이름은 샤사뉴–몽라셰에서 쌩–토뱅으로 향하는 길목에 위치한 가메라는 마을에서 유래된 것으로 알려져 있다. 이 품종은 부르고뉴보다 남쪽에 있는 보졸레 지역에서 중심적인 역할을 하지만, 부르고뉴에서도 비교적 소량이 재배되고 있다.

부르고뉴의 경우 가메는 마꼬네 지역의 레드 와인을 만드는 데 널리 사용되는 대표적인 포도 품종이다. 가메는 피노 누아와 블렌딩하여 부르고뉴 빠스-뚜-그랭 Bourgogne Passe-tout-grain, 꼬또 부르기뇽 Coteaux Bourguignons과 같은 와인을 생산하는 데 활용되며, 일부 크레망 드 부르고뉴에서도 블렌딩용 품종으로 사용된다.

그 외의 포도 품종들

오세루아 지역에서는 소비뇽 블랑과 세자르César 같은 비교적 덜 알려진 포도 품종도 찾아볼 수 있다. 소비뇽 블랑은 마을 단위 아뺄라시옹인 쌩-브리에서 가볍고 과일 향이 돋보이는 화이트 와인을 만드는 데 사용되며, 세자르는 이랑시 지역에서 피노 누아와 블렌딩되어 레드 와인의 구조감을 더하고, 혀끝에 오래 남는 여운을 만들어 주는 역할을 한다.

일부 와인 생산자들은 피노 뵈로Beurot 또는 피노 그리 같은 화이트 품종의 전통을 이어가고 있다. 이 품종들은 모두 부르고뉴에서 기원했지만, 오늘날 이 지역에서는 거의 찾아보기 어렵다. 대신 스위스, 헝가리, 독일, 그리고 프랑스의 알자스 지역과 같은 와인 산지에서 여전히 재배되고 있다.

미니토픽 1

포도밭 속 작은 이야기

끌로, 끌리마, 리외디, 그리고 떼루아

와인을 좋아하다 보면 라벨이나 책에서 낯선 프랑스어 단어들과 자주 마주하게 된다. 그중에서도 끌로Clos, 끌리마Climat, 리외디Lieu-dit, 떼루아Terroir는 비슷해 보이지만 개념이 조금씩 달라 혼동되기 쉽다. 이 네 개념을 차근차근 정리해 보자.

끌로Clos

끌로는 프랑스어로 '닫힌'이라는 뜻이다. 역사적으로 수도원이나 귀족이 소유한 중요한 포도밭에 돌담을 둘러 외부와 경계를 지은 데서 유래했다. 그래서 끌로는 보통 돌담으로 둘러싸인 전통적인 포도밭을 의미한다. 크기는 작을 수도, 클 수도 있지만 중요한 건 담장이라는 물리적 경계와 전통적인 의미다.

끌리마Climat

끌리마는 오직 부르고뉴 지역에서만 사용하는 용어다. 공식적으로 INAO 프랑스 국립 원산지 품질 연구소가 경계를 지정한 아주 세밀한 포도밭 단위다. 같은 마을 안에서도 일조량, 경사, 토양의 차이 등을 기준으로 끌리마가 나뉜다. 각각의 끌리마는 와인의 향과 맛에 영향을 미치는 고유한 특성을 가진다.

리외디Lieu-dit

리외디는 공식적인 AOC 명칭은 아니지만, 사람들이 오랫동안 특정 포도밭을 부르던 전통적인 지명이다. 행정적으로 등록되지 않았더라도 지역 내에서 자연스럽게 통용되며, 와인 라벨에 표기되는 경우도 있다. 끌리마와 겹치기도

하고 별개로 존재하기도 한다.

떼루아 Terroir

떼루아는 단순한 지리 개념이 아니다. 토양, 지형, 기후, 일조량, 배수, 미생물, 인간의 농업 방식 등 포도밭에 영향을 주는 모든 환경적 요소의 총합이다. 같은 품종이라도 떼루아가 다르면 완전히 다른 와인이 만들어진다.

산들마을이라는 상상 속의 한국 마을이 있다고 생각해 보자. 이 마을에는 유서 깊은 포도밭이 하나 있다. 바로 '최진사네 포도밭'. 이 포도밭은 돌담으로 둘러싸여 외부와 구분된다. 이게 바로 끌로다.

최진사네 포도밭 안에는 지형에 따라 2개의 구역이 있다. 햇볕이 잘 드는 남향의 언덕은 '남향구릉', 그리고 평탄하지만 물 빠짐이 좋은 '평지' 구역이다. 이 둘은 각각 다른 맛의 포도를 만들기 때문에 따로 관리된다. 이것이 바로 끌리마다.

포도밭 남쪽 끝에는 '호랑이골'이라는 계곡이 있다. 예전에 호랑이가 나타났다는 전설이 있어 그렇게 불린다. 공식 명칭은 아니지만 마을 사람들은 모두 그곳을 호랑이골 포도밭이라 부른다. 이런 게 리외디다.

산들마을의 포도밭은 해발 300미터 언덕에 있고, 점토와 석회질이 섞인 흙, 큰 일교차, 남향의 일조량, 바람길 등 다양한 자연환경이 어우러져 있다. 이런 모든 것이 산들마을 포도밭의 떼루아다.

끌로, 끌리마, 리외디, 떼루아. 이 네 단어는 포도밭을 바라보는 다양한 시선을 보여준다. 담장으로 구획된 역사, 공식적으로 인정된 구역, 오래된 지명, 그리고 그 모든 것을 아우르는 자연과 인간의 조화. 와인을 한 잔 마실 때, 그

안에 담긴 포도밭의 얼굴들을 떠올려 보자. 작은 지명 하나에도 수백 년의 이야기가 담겨있을지 모른다. 그리고 언젠가, 나만의 '최진사네 포도밭' 같은 이야기를 꿈꾸며 와인을 즐기는 것도 멋진 일이다. **(이창규)**

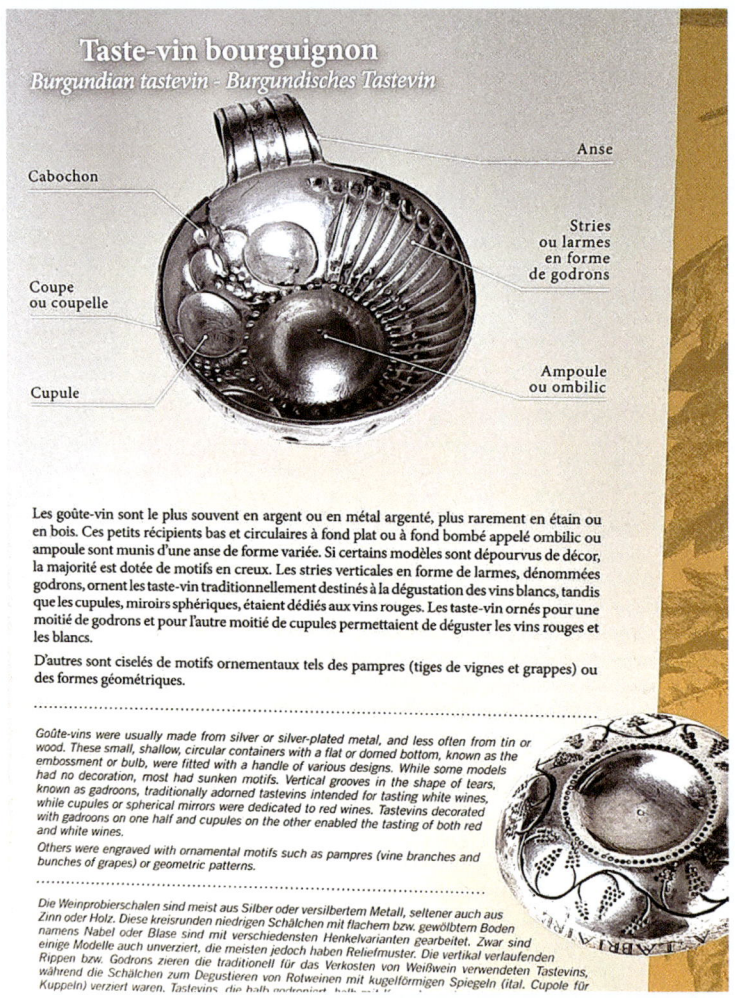

▲ 와인 분야 종사자들의 친구, 따스뜨방 시음잔

▲ 17세기부터 뉘-쌩-조르주 마을을 지켜온 종탑

다양한 등급의 부르고뉴 와인들

제3장

부르고뉴 와인의 품질 기준과 AOC

1. 프랑스 와인의 품질 등급

프랑스 와인의 품질 등급은 와인이 생산된 토양과 지역을 기준으로 결정되며, 이는 유럽연합이 정한 규정에 따라 크게 세 가지 범주로 구분된다. 이 등급 체계는 와인병 라벨에 명시되며, 라벨은 엄격한 규정에 따라 제작된다. 일반적으로 등급이 세분화될수록 품질이 높은 것으로 간주되며, 이에 따라 특정 기준과 조건이 적용된다.

원산지 통제 명칭AOC의 역사

로마인들은 일찍이 와인을 상업화하면서 국가명과 함께 포도밭의 자연조건을 반영하는 떼루아의 이름을 새겨 판매했으며, 이것이 원산지 명칭의 기원이 되었다. 와인의 품질과 개성을 결정하는 핵심 요소는 토양과 포도 품종이다. 특정 지역에서 생산되어 원산지의 지리적 명칭을 가진 와인들이 점차 명성을 얻었으며, 이러한 와인은 일반 와인보다 높은 가격에 거래되었다. 그러나 법적 보호장치가 마련되지 않은 상태에서 유사 와인이 급증하며 사회적 문제가 발생했다.

그로부터 원산지 보호 체계가 확립되기까지는 오랜 시간이 걸렸으며, 다양한 시도와 시행착오가 반복되었다. 결정적인 계기는 1930년대에 발생한 와인의 심각한 과잉 생산이었다. 품질 좋은 와인을 생산하던 농민들은 조제프 까쀠 Joseph Capus 의원의 지원을 받아 와인과 증류주를 관할하는 공식 기구의 설립을 요청했다.

1935년 7월 30일, 원산지 통제 명칭 AOC, Appellation d'Origine Contrôlée 제도가 도입되었으며, 동시에 AOC 와인의 기준 설정과 감독을 위한 프랑스 와인 원산지 명칭 국가위원회 Le Comité National des Appellations d'Origine des Vins de France 가 설립되었다. 이 위원회는 다수의 행정 기관 대표뿐만 아니라 포도 재배업자, 네고시앙 등 와인 산업 전문가들도 포함했다. 이후 1947년 프랑스 와인 원산지 명칭 국가위원회는 국립 원산지 명칭 연구소 INAO, Institut National des Appellations d'Origine des Vins et Eaux-de-Vie 로 개편되었으며, 그 산하에 와인 전담 기구가 신설되어 원산지 통제 업무를 수행하였고, 2007년 국립 원산지 품질 연구소 Institut National de l'Origine et de la Qualité 로 이름이 바뀌면서 유기농과 라벨 루즈 Label Rouge, 소비자들에게 우수한 품질의 제품을 보장하는 프랑스 국가의 품질 인증 마크 인증 업무까지 확대되었다. 국립 원산지 품질 연구소는 기존의 INAO 약어를 그대로 사용한다.

부르고뉴와 AOC 제도

부르고뉴는 와인의 품질 향상과 체계적인 관리를 위해 1935년 AOC 법령을 도입했다. 이 제도의 핵심은 국가 기관이 우수한 품질의 와인을 생산하는 지역을 공식적으로 승인하고, 생산된 와인에 원산지를 명시하도록 함으로써 해당 지역 와인의 정체성을 보장하는 동시에 AOC 와인의 다양성을 강조하는 데 있다. 특히, 이는 부르고뉴 와인 전통의 핵심 요소인 떼루아와 깊이 연결되어 있으며, 신세계 와인 생산국에서 흔히 볼 수 있는 스타일이 균일한 와인과 차별화된다. 프랑스의 AOC 제도는 와인 품질 등급의 표준 모델로 자리 잡았으며,

이후 여러 유럽 국가에서 이를 기반으로 유사한 규정을 도입하게 되었다.

프랑스가 AOC 제도에 자부심을 갖는 이유는 포도 재배업자들이 다양한 떼루아에 대한 깊은 이해를 바탕으로 각 지역의 특성을 살려 전통적이면서도 개성 있는 와인을 생산하기 때문이다. 이처럼 떼루아의 정체성을 반영한 와인에는 원산지 보호 명칭이 부여되며, 이를 통해 다른 지역의 와인과 차별화하는 의미를 갖는다. 즉, AOC 제도는 특정 지역에서만 생산될 수 있는 독창적인 맛과 떼루아의 특성, 와인의 감각적 요소, 전통, 노하우, 그리고 인간의 관습까지 국가적 자산으로 보호하는 역할을 한다.

2.
AOC 생산 조건과 규정

AOC 등급은 프랑스 와인 품질의 최고 단계로, 승인을 받기 위해서는 각 포도원이 소속된 생산자 조합의 협력을 바탕으로 엄격한 생산 조건을 준수해야 한다. 또한 성분 검사와 국립 원산지 품질 연구소INAO가 주관하는 시음회를 통과해야만 와인에 AOC 라벨을 사용할 수 있다. 이처럼 AOC는 단순히 와인의 품질을 보증하는 역할을 넘어, 지역 전통을 존중하며 각 지방 와인의 고유한 특성을 유지하는 기능도 수행한다. AOC 제도의 주요 내용은 다음과 같다.

생산 지역 범주: 와인 생산지 명칭은 해당 지역의 행정구역을 기반으로 정해진다. 이는 지리적으로 한정된 지역 내에서 AOC 와인을 생산하기에 적합하다고 인정된 마을이나 지역을 의미하며, 토양의 형성 과정, 지층, 수리적 환경 등이 중요한 분류 기준이 된다.

포도 품종: 오랜 시간 동안 각 포도원의 떼루아에는 특정 품종이 자리 잡아왔다. 이에 따라 AOC마다 1개 또는 여러 개의 포도 품종을 지정하며, 특정 품종의 비율이 지나치게 높아지지 않도록 최소 및 최대 비율%을 설정한다. AOC 와인 생산자는 재배하려는 포도 품종을 국립 원산지 품질 연구소에 신고하고 승인을 받아야 한다.

포도나무 식재 밀도: 헥타르당 포도나무의 최소 식재 밀도를 유지해야 한다. 이를 통해 포도원이 신뢰할 수 있는 농업 규정을 준수하며 전통적인 관리 방식을 유지할 수 있도록 한다.

포도나무 수령: 포도나무 수령이 2~3년 이내로 어린 경우, 그 포도로 생산한 와인은 AOC 와인에서 제외된다.

알코올 도수: 매년 국립 원산지 품질 연구소는 특정 조건을 충족한 포도와 과즙의 당분 함량에 따라 AOC 와인의 알코올 도수를 결정한다. 이 기준은 포도 품종과 생산 지역에 따라 다르게 적용된다.

생산한도: 허용된 최대 수확량이 사전에 공지되며, 기후 조건에 따라 매년 조정된다. 이 한도는 각 포도 재배 조합의 제안을 반영해 1헥타르당 헥토리터 단위로 결정된다.

포도 수확: 포도 수확 시작 날짜는 가장 먼저 포도가 익는 지역을 기준으로 결정된다. 이는 포도 재배자, 양조 기술자, 양조학자, 관련 행정 기관 관계자로 구성된 위원회에서 논의 후 공표된다.

양조: 와인 양조 과정은 법적으로 정해진 방식에 따라야 하며, 특별한 유형의 와인을 생산하려 하더라도 규정이 허용하는 방법 내에서만 가능하다. 포도 압착 기계 역시 승인된 장비만 사용할 수 있으며, 와인에 첨가되는 아황산SO_2의 양도 와인의 유형과 원산지에 따라 규제된다.

시음과 분석: AOC 승인을 원하는 모든 포도 재배자는 매년 국립 원산지 품질 연구소와 공인된 시음 테스트 기관에 신청해야 한다. 연구소는 지역, 포도 품종, 재배지 범위, 식재 밀도, 포도 수확량이 규정을 준수하는지 확인한 후, 공인된 와인 양조 시험소에 샘플 분석을 의뢰한다. 동시에 별도의 샘플은 연구소와 각 지역 포도 재배 조합이 시행하는 블라인드 시음 테스트를 거쳐야 한다.

AOC 승인: 포도 재배자, 네고시앙, 중개인, 양조학자로 구성된 시음 심사위원단이 시각적, 후각적, 미각적 평가를 통해 심사 통과, 보류, 탈락 여부를 결정한다. 분석과 시음 단계를 통과한 생산자는 규정을 준수하는 조건으로 승인서를 받으며, 이를 통해 AOC 자격을 갖춘 와인을 생산 및 판매할 수 있다.

유럽연합 생산 국가의 와인 등급 규정

2009년 8월부터 유럽연합EU 내 와인 생산국들은 프랑스를 비롯한 여러 국가의 원산지 보호 제도를 통합한 새로운 등급 규정을 도입했다. EU의 공동 와인 시장 기구OCM vin, L'Organisation Commune des Marchés vitivinicoles는 새로운 등급 체계를 공표하고 시행하도록 했다. 이에 따라 기존의 AOC는 PDOProtected Designation of Origin, 원산지 명칭 보호로, Vin de Pays는 PGIProtected Geographical Indication, 지리적 표시 보호로 개편되었다. 이 규정은 유럽연합이 정한 기준을 바탕으로 하며, 각 와인 생산국은 자국의 전통과 특성을 반영해 더욱 엄격한 규정을 추가할 수 있다.

유럽 와인 등급의 3단계

1단계: VIN sans IG Indication Géographique
가장 낮은 등급인 VIN sans IG는 특정 지역 명칭을 표기하지 않는 와인이다.

OCM 규정에 따라 이 등급에 해당하는 와인은 일정한 품질 기준을 충족할 경우 포도 품종과 수확 연도를 표기할 수 있다. 프랑스에서는 이 등급의 와인을 뱅 드 프랑스Vin de France라고 하며, 기존의 뱅 드 따블Vin de Table도 여기에 포함된다.

2단계: IGP Indication Géographique Protégée

중간 등급인 IGP는 지정된 생산 지역에서 OCM 규정에 따라 와인을 생산했을 때 부여된다. 이 등급의 와인은 보다 넓은 지역 명칭을 표기할 수 있으며, 기존의 뱅 드 빼이Vins de Pays 중 일부가 여기에 포함된다. 한때 존재했던 AOVDQS우수 품질 지역 와인 등급은 2011년 폐지되었으며, 일부 와인은 AOCPDO로 승격되고 일부는 IGP로 편입되었다. 기존의 뱅 드 빼이 등급은 150개 이상의 세부 지역으로 나뉘었으나, IGP 등급은 10개의 주요 생산 지구로 통합되었으며, 현재 74개의 공식 IGP가 등록되어 있다.

3단계: AOP Appellation d'Origine Protégée

최고 등급인 AOP는 '원산지 보호 명칭'을 의미하며, 해당 원산지의 떼루아 특성을 가장 충실하게 반영하는 와인에 부여되는 등급이다. 기존의 AOC 등급이 여기에 포함되며, 본질적으로 같은 개념이다. 2012년 1월부터 모든 유럽 농식품에 AOP를 사용해야 하지만, 프랑스에서 생산된 와인은 기존의 AOC 표기도 여전히 허용되고 있다.

프랑스 AOC 제도의 변화와 미래: 전통과 혁신의 균형

갈수록 늘어나는 프랑스 와인의 원산지 명칭과 복잡한 AOC 등급 체계로 인해, 처음 와인을 접하는 소비자나 프랑스어로 된 라벨의 AOC 개념을 이해하기 어려운 해외 소비자들에게 좋은 프랑스 와인을 선택하는 일은 쉽지 않다. 또한, 생산과 소비의 경제적 측면에서도 프랑스 와인의 다양한 등급이 소비자들에게 혼란을 줄 수 있다.

이제는 원산지 명칭을 강조하는 와인과 포도 품종과 생산자 이름을 전면에 내세워 일관된 스타일로 대중에게 어필하는, 이른바 '브랜드 중심 와인' 사이에서 현실적인 인식 전환이 필요하다. 실제로 프랑스에서는 원산지를 명시하지 않고 포도 품종을 중심으로 한 브랜드 와인 생산이 강화되는 추세다. 반면, AOC 등급은 승인 기준을 더욱 엄격하게 관리하여 일정 수준 이상의 품질을 보장하는 와인에만 부여함으로써, 소비자들이 AOC 와인을 신뢰하고 구매할 수 있도록 해야 한다.

신세계 와인 생산국들이 규제를 완화하며 경쟁력을 높여가는 상황에서, 프랑스가 떼루아를 보호하고 고급 와인의 차별화된 이미지를 유지하려 한다면, AOC 체계의 보완과 개선, 그리고 지속적인 홍보가 필수적이다. 이러한 노력을 통해 프랑스의 AOC는 전 세계 와인 품질 등급의 기준이자 신뢰의 상징으로 자리 잡을 수 있을 것이다.

3.
부르고뉴 AOC 등급 분류

부르고뉴 와인의 세 가지 등급 분류

부르고뉴에서 생산되는 거의 모든 와인은 원산지 통제 명칭AOC 제도의 적용을 받으며, 이는 프랑스 전체 AOC 와인 중 5.5%를 차지한다. AOC의 개수로 보면, 부르고뉴에는 84개의 AOC가 존재하며, 이는 프랑스 전체 AOC 개수의 23%를 차지한다.

부르고뉴의 84개 AOC 명칭은 크게 세 가지 등급으로 나뉜다. 가장 높은 등급인 그랑 크뤼 AOC는 33개, 그 아래 단계인 빌라주 AOCVillage AOC는 44개이며, 프리미에 크뤼는 빌라주 와인 내에서 추가적인 세분화로, 같은 AOC 내에서도 뛰어난 품질을 인정받은 개별 포도밭을 가리킨다. 가장 기본적인 등급인 지방 명칭 AOCRégional AOC은 7개로 구분된다. 그랑 크뤼 AOC, 빌라주 AOC, 지방 명칭 AOC에 프리미에 크뤼를 별도로 구분하여 네 가지 등급으로 분류하기도 한다.

또한, 보완적인 지리적 명칭DGC: Dénomination Géographique Complémentaire의 개념도 주목할 필요가 있다. DGC는 특정 AOC 내에서도 세부 지역을 강조하

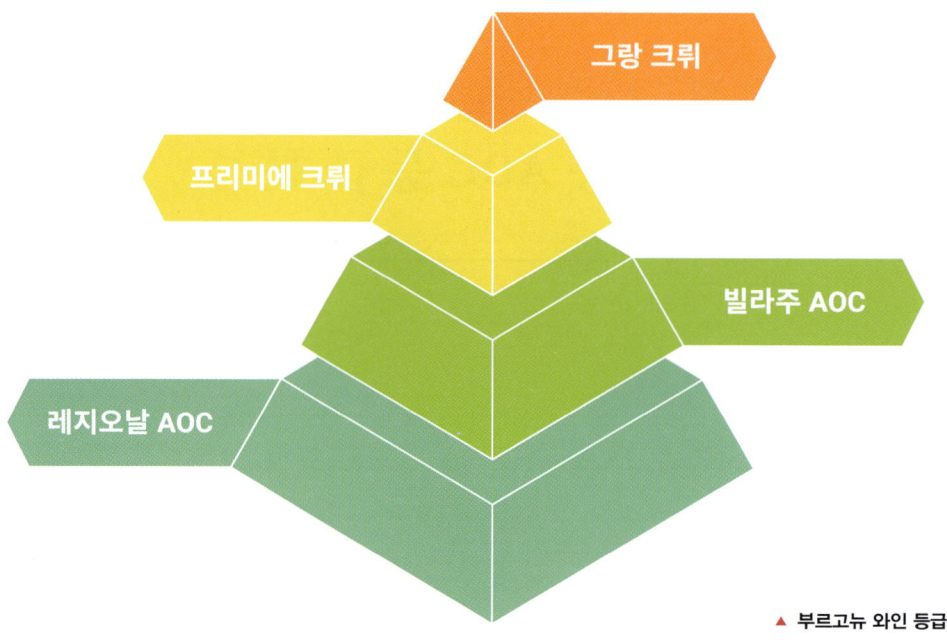

▲ 부르고뉴 와인 등급

는 방식으로, 부르고뉴뿐만 아니라 다른 지역에서도 활용된다. 예를 들어, 마콩 AOC 내에서는 아제Azé나 베르제Verzé 같은 명칭이 추가될 수 있다. 이러한 세부 명칭은 와인의 개성과 특성을 더욱 부각시키며, 소비자에게 보다 구체적인 원산지 정보를 제공하는 역할을 한다.

❶ 부르고뉴 그랑 크뤼 AOC 33개

그랑 크뤼 등급은 부르고뉴 와인 생산량의 약 1%에 지나지 않지만, 등급 체계에서 가장 높은 위치를 차지하며 최고의 가치를 지닌다. 이 와인들은 프랑스와 부르고뉴를 대표하는 최상급 와인일 뿐만 아니라, 세계적인 명성을 자랑하는 와인으로 인정받는다. 레드와 화이트 와인 모두 포함되며, 전체 생산량 중 레드가 60%, 화이트가 40%를 차지한다.

그랑 크뤼는 가장 높은 평판과 와인 품질을 보증하는 특정 끌리마에 부여된다. 생산된 와인의 특징과 품질이 지속적으로 유지되는 경우에만 그랑 크뤼 지위를 유지할 수 있다. 꼬뜨 도르 지역 내 8개 마을에서 32개의 그랑 크뤼가 지정되어 있으며, 여기에 샤블리 그랑 크뤼를 더해 총 33개의 그랑 크뤼 AOC가 존재한다. 이들은 개별적인 AOC로 인정받으며, 라벨에는 마을 명칭이 아니라 끌리마 명칭이 표시된다.

그랑 크뤼 명칭은 마을 이름과 혼동해서는 안 된다. 일반적으로 그랑 크뤼 명칭은 대문자 또는 큰 글씨로 표기된다. 예를 들어, 샹베르탱 그랑 크뤼 Chambertin Grand Cru는 라벨에 끌리마 명칭인 CHAMBERTIN으로 단독 표기된다. 반면, 마을 단위 AOC 와인은 마을 명칭과 끌리마 명칭을 조합해 주브레-샹베르탱Gevrey-Chambertin과 같이 표기하여 구분한다.

샹베르탱 그랑 크뤼	주브레-샹베르탱 마을 AOC
CHAMBERTIN GRAND CRU Appellation Contrôlée	**Gevrey-Chambertin** Appellation Gevrey-Chambertin Contrôlée |//

부르고뉴 그랑 크뤼 와인으로 인정받기 위해서는 허용된 포도 품종만을 사용해야 하며, 규정된 포도밭에서 최소 3년 이상 된 포도나무에서 수확한 포도로 양조해야 한다. 레드 와인은 피노 누아, 화이트 와인은 샤르도네만 사용할 수 있다. 각 그랑 크뤼는 고유한 명칭을 가지며, 서로 다른 그랑 크뤼 포도를 섞어 와인을 만들 경우 그랑 크뤼 등급을 받을 수 없다.

그랑 크뤼 레드 와인은 주로 꼬뜨 드 뉘 지역에 집중되어 있다. 꼬뜨 드 본에서는 예외적으로 꼬르통에서만 이 등급의 레드 와인이 생산된다. 대표적인 그랑 크뤼로는 샹베르탱, 본 마르, 끌로 드 부조, 로마네 꽁티 등이 있다. 그랑 크뤼 와인은 풀바디의 견고하고 확실한 맛을 지니며, 복합적인 향과 깊은 풍미가 특징이다. 또한 독보적인 기품을 지니고 있으며, 최적의 환경에서 재배된 포도로 전통적인 양조 방식이 적용되어 뛰어난 장기 숙성력을 갖는다.

대부분의 그랑 크뤼 화이트 와인은 꼬뜨 드 본 지역에서 생산된다. 꼬르통, 꼬르통 샤를마뉴, 바따르 몽라셰, 몽라셰, 슈발리에 몽라셰 등은 뛰어난 농축감과 강인한 구조를 지닌 화이트 와인으로, 그 향과 풍미는 타의 추종을 불허하며 세계적으로 그 품질이 높이 평가되고 있다.

❷ 프리미에 크뤼 Premier Cru 와 빌라주 Villages AOC 44개

프리미에 크뤼를 포함한 빌라주 AOC는 부르고뉴 와인의 두 번째 등급으로, 부르고뉴 전체 와인 생산량의 46%를 차지하고, 세분화하면 프리미에 크뤼가 부르고뉴 전체 와인 생산량의 약 10%를, 빌라주 AOC가 약 36%를 차지한다. 프리미에 크뤼와 빌라주 AOC 지역은 레드 와인보다 화이트 와인의 비중이 낮은 편이다.

1. 빌라주 마을 명칭 와인

부르고뉴에서 빌라주 AOC를 사용하는 곳은 총 44개 마을이다. 이 와인들은 각 마을의 이름을 따서 빌라주 명칭을 붙여 출시된다. 대표적인 빌라주 AOC 와인으로는 본, 사비니-레-본, 오세-뒤레스, 쌩-로맹, 샤블리, 본 로마네, 샹볼 뮈지니, 뫼르소, 뽀마르, 주브레-샹베르탱, 이랑시, 쌩-브리 등이 있다.

이 단계의 와인은 생산 마을마다 각기 다른 스타일을 보여준다. 볼네 와인은 섬세하고 우아한 특성을 가지며, 본 로마네 와인은 스파이시한 느낌이 돋보인다. 뫼르소는 풍부한 질감과 함께 견과류 향미가 특징적이며, 사비니-레-본 와인은 감각적이고 생동감 있는 개성을 지닌다. 이러한 차이는 실제로 직접 시음하면서 가장 확실하게 느낄 수 있다.

빌라주 AOC 와인은 상위 두 등급인 그랑 크뤼와 프리미에 크뤼보다 단위 면적당 포도 생산량이 더 많이 허용된다. 또한, 알리고떼 품종도 포함될 수 있다. 한편, 그랑 크뤼나 프리미에 크뤼 포도밭에서 생산된 포도라도 품질에 일부 하자가 있는 경우에는 지방 명칭 와인으로 출시되기도 한다. 이 경우, 와인 라벨에는 특정 포도밭 이름을 표기하지 않고, 대신 마을 명칭인 쀨리니-몽라셰와 같이 표기된다.

2. 프리미에 크뤼 명칭 와인

프리미에 크뤼는 빌라주 내에서도 특히 우수한 끌리마에서 생산된 포도로 만들어진다. 예를 들어, 쀨리니-몽라셰 프리미에 크뤼인 레 폴라티에르Les Folatières는 특정한 끌리마인 레 폴라티에르에서 재배된 포도로 생산된 와인을 의미한다. 그러나 와인 라벨에 반드시 포도밭의 이름이 표기될 필요는 없다. 일부 생산자는 포도밭 이름을 생략하고 지역명과 Premier Cru만 표기하기도 하며, 여러 프리미에 크뤼 포도밭에서 수확한 포도를 블렌딩할 경우에는 개별 포도밭의 이름을 생략하고 지역명만 기재할 수 있다.

프리미에 크뤼의 대부분은 꼬뜨 드 뉘, 꼬뜨 드 본, 그리고 꼬뜨 샬로네즈 지역에 위치한다. 그러나 이 세 지역 내에서도 일부 마을에는 프리미에 크뤼가 지정된 곳이 없다. 예를 들어, 마르사네, 쇼레-레-본Chorey-lès-Beaune, 쌩 로맹Saint-Romain, 부즈롱에는 프리미에 크뤼가 존재하지 않는다. 한편, 욘 지역에서는 샤블리 프리미에 크뤼Chablis Premier Cru 명칭만을 사용하며, 뽀마르에는 28개의 끌리마가 프리미에 크뤼로 지정되어 있다. 2025년, 부르고뉴 전체로는 총 668개의 프리미에 크뤼 끌리마로 집계된다.

일부 프리미에 크뤼 와인들은 향후 그랑 크뤼로 승격될 가능성이 있다. 특히 뽀마르의 뤼지엥Rugiens과 에쁘노Epenots, 뉘-쌩-조르주의 쌩-조르주Saint-Georges 등은 그랑 크뤼 승격이 꾸준히 논의되는 대표적인 끌리마다. 이러한 포도밭들은 역사적 명성과 뛰어난 품질을 바탕으로 높은 평가를 받고 있으며, 언젠가 그랑 크뤼로 인정받을 가능성이 있다.

❸ 지방 명칭 AOC Régional AOC 7개

부르고뉴에서 지방 명칭을 사용하는 7개의 범주는 다음과 같다. 이 등급은 부르고뉴에서 가장 낮은 등급에 해당하며, 단위 면적당 허용된 포도 생산량이 가장 많다. 또한, 부르고뉴 전체 와인 생산량의 53%를 차지하며, 지역적으로 다양한 스타일의 와인을 포함하고 있다.

부르고뉴에서 지방 명칭을 사용하는 7개의 범주는 다음과 같다.

- **부르고뉴**: '부르고뉴 루즈 Rouge', '부르고뉴 블랑 Blanc', '부르고뉴 샤르도네' 등으로 표기될 수 있으며, 부르고뉴 전역에서 생산되는 가장 일반적인 AOC 와인이다.

- **부르고뉴 알리고떼 Bourgogne Aligoté**: 알리고떼 품종으로 만든 신선하고 가벼운 스타일의 화이트 와인이다.

- **크레망 드 부르고뉴 Crémant de Bourgogne**: 전통 방식으로 만든 스파클링 와인으로, 샴페인과 유사한 스타일을 보인다.

- **부르고뉴 무쒜 Bourgogne Mousseux**: 크레망 보다 가벼운 스타일의 스파클링 레드 와인이다.

- **꼬또 부르기뇽**: 부르고뉴 전역에서 생산된 포도를 사용하며, 레드, 화이트, 로제 와인이 모두 포함된다.

- **부르고뉴 빠스-뚜-그랭**: 보졸레의 포도 품종인 가메와 피노 누아를 블렌딩하여 만든 레드 와인이다.

- **마꽁**: 마꽁 지역에서 생산된 와인으로, 샤르도네 기반의 화이트 와인이 주를 이루며, 일부 레드 와인과 로제 와인도 생산된다.

그랑 크뤼 지역인 본 로마네나 뫼르소에서 생산된 와인이 지방 명칭 와인으로 출시되는 경우도 있다. 이는 그랑 크뤼 포도와 지방 명칭 포도를 혼합하여 와인을 양조할 경우 불가피하게 발생한다. 또한, 서로 다른 지역에서 수확된 그랑 크뤼 포도를 함께 사용하여 와인을 만들면 그랑 크뤼 표기를 할 수 없으므로 지방 명칭 와인으로 분류된다. 더불어, 도멘이 특정한 이유로 그랑 크뤼 명칭을 사용하지 않기를 원할 경우, 와인을 지방 명칭 와인으로 출하하는 선택을 할 수도 있다.

뮈지니 그랑 크뤼는 샹볼-뮈지니 마을 인근의 포도밭에서 생산되는 레드 와인과 화이트 와인에 부여되는 명칭이다. 특히 뮈지니 그랑 크뤼 블랑은 부르고뉴에서 유일하게 레드와 화이트 와인을 모두 생산할 수 있는 그랑 크뤼 포도밭에서 나오는 와인으로, 극소량만 생산되며 뛰어난 품질을 자랑한다. 한편, 샹볼-뮈지니 AOC에서는 공식적으로 화이트 와인이 허용되지 않기 때문에, 이 지역에서 생산된 샤르도네 와인은 '샹볼-뮈지니 블랑'이라는 명칭을 사용할 수 없다. 이러한 와인은 프리미에 크뤼급에 준하는 품질을 가진다고 평가되지만, 실제로는 부르고뉴 블랑Bourgogne Blanc 또는 꼬뜨 드 뉘 블랑Côte de Nuits Blanc이라는 지방 명칭으로 출시된다.

❹ 보완적 지리명칭 DGC

지방 명칭 AOC 중 부르고뉴 AOC와 마꽁 AOC의 경우 보다 엄격한 생산 조건을 충족하는 지역을 구분하기 위해 '보완적 지리명칭DGC'이라는 개념이 도입되었다. 이에 따라 부르고뉴 AOC 등급 내에서 총 14개의 DGC가 공식적으로 지정되었으며, 이는 부르고뉴 AOC 전체 면적의 52.5%에 해당하는 2,940헥타르의 포도밭에 흩어져 있다.

마꽁 AOC 안에는 27개의 DGC가 있다. 마꽁의 DGC 명칭을 사용하는 27개의 마을은 전체 포도밭 면적이 1,756헥타르에 달하며 마꽁 AOC 와인의 약 43%를 차지한다.

4.
부르고뉴 와인 라벨

대형 마트나 할인점에서 와인이 점점 더 많이 판매되는 현실에서, 라벨은 소비자에게 중요한 구매 결정 요소이다. 라벨은 단순한 정보 제공을 넘어, 소비자와 직접 소통하는 '말 없는 판매자'의 역할을 한다. 또한, 프랑스 정부의 검사 당국이 와인의 진품 여부를 인증하는 역할도 한다. 이러한 중요성을 고려할 때, 공공기관이 소비자를 위한 객관적인 정보를 중점적으로 반영한 구체적이고 명확한 규정을 제정하는 것은 당연한 일이다. 이러한 규정의 궁극적인 목표는 소비자들이 와인을 선택할 때 필수적인 기본 정보를 제공하는 데 있다.

와인 라벨의 역사와 진화

라벨은 단순한 종잇조각처럼 보이지만 실제로는 와인의 역사와 정체성을 담고 있다. 18세기에는 와인을 대부분 오크통에 보관했기 때문에 오늘날처럼 병입된 와인에 라벨을 붙이는 경우가 흔치 않았다. 다만, 일부 생산자들의 경우, 자신의 와인을 다른 와인과 구별하기 위해 종이 라벨을 사용했다고 전해진다. 19세기 중반에는 다양한 크뤼의 이름이 인쇄된 판이 등장하여 필요에 따라 잘라 사용하기도 했다.

같은 도멘에서 생산된 동일한 와인이라도 라벨이 항상 같지는 않다. 예를 들어, 프랑스에서는 '몽라셰'라고 표기되지만, 미국에서는 '르 몽라셰'라고 쓰인다. 또한, 라벨 디자인은 시간이 지나면서 계속 바뀌고, 그래픽 및 미적 요소의 진화에 따라 수정되거나, 오스피스 드 본Hospices de Beaune 경매 행사 또는 따스뜨비나지Tastevinage 테이스팅처럼 특정 사건을 계기로 특별한 라벨이 부여되기도 한다.

와인 라벨은 19세기 중반부터 무역과 석판 인쇄 기술의 발전과 함께 샹파뉴 지역에서 예술적 경지에 이르렀으며, 부르고뉴에서도 점차 중요한 요소로 자리 잡았다. 1850년부터 1900년까지 부르고뉴 와인의 라벨에는 주로 네고시앙의 이름이 표시되었으며, 소유주의 이름은 비교적 드물게 기재되었다. 빈티지는 손글씨로 추가되기도 했다.

당시 부르고뉴의 포도 재배자들은 이미 존재하는 라벨 디자인을 활용할 수 있었으며, 라벨 제작을 위한 전문 인쇄소가 1893년 뉘-쌩-조르주에 설립되었다. 이후 원산지 통제 규정이 도입되면서 라벨 디자인은 점점 더 정교해지고 지속적으로 수정되었다. 1960년경 오프셋 인쇄 기술이 석판 인쇄를 대체했으며, 이후 컴퓨터 그래픽과 전자출판 기술이 등장했다. 1975년경 실크스크린 기법이 도입되었고, 1985년경부터 접착식 라벨이 사용되기 시작했다.

부르고뉴 와인의 라벨은 일반적으로 병의 하단부에 수평으로 부착되며, 대체로 소박하고 단순해 보이는 스타일을 유지한다. 반면, 보르도 와인의 라벨은 병의 목 부분까지 길게 올라가는 디자인이 많아 다소 웅장한 느낌을 준다. 부르고뉴 라벨은 독창성보다는 전통적인 디자인을 유지하며, 오래된 와인의 느낌을 주기 위해 가장자리가 말려 올라간 양피지 스타일을 채택하는 경우도 많다.

유럽연합의 라벨 규정
유럽연합은 회원국 간 규정을 조화롭게 유지시키고, 유럽 시장 내에서 와인의 자유로운 무역을 촉진하기 위해 와인 라벨에 대한 규정을 제정했다. 이 규정은 일반적인 스틸 와인과 발포성 와인에 적용되며, 천연 감미 와인, 알코올 강화 와인, 리큐르, 와인 증류주는 각 국가별 규정을 따른다.

유럽연합 라벨 규정에서는 의무적이거나 선택적으로 명시된 문구 외에는 모두 금지된다. 다만, 소비자가 혼동할 가능성이 없는 문구에 대해서는 각국의 법률에 따라 예외적으로 사용이 가능하다. 특히 발포성 와인의 경우, EU 규정은 보다 유연한 접근 방식을 취하고 있다. 의무적인 문구를 사용해야 하지만, 소비자에게 혼란을 주지 않는다는 전제하에 일부 선택적인 문구도 허용된다.

라벨의 필수 정보와 표기 기준

소비자에게 필요한 기본 정보는 의무적인 문구로 지정되어 있다. 여기에는 와인의 유형, 생산 국가 또는 지역명, 알코올 함량, 생산자, 병 용량이 포함되며, 이 모든 정보는 동일한 라벨에 기재되어야 한다. 다만, 라벨의 크기나 모양에는 제한이 없다.

와인 라벨은 병에 부착된 상태에서 명확하게 읽을 수 있어야 하며, 쉽게 지워지지 않고, 다른 글자나 그림과 혼동되지 않도록 충분한 크기로 표시되어야 한다. 또한, 와인의 역사, 양조법, 제조 방식 등의 정보는 예외적인 경우를 제외하고는 부가적으로 표기할 수 있다.

부르고뉴 와인 라벨 이해하기

부르고뉴 와인 라벨은 매우 복잡하다. 특정 포도원과 마을을 구별하는 것뿐만 아니라, 도멘과 네고시앙을 판별하는 것도 중요하다. 이를 정확히 이해하려면 부르고뉴 와인 시스템이 작동하는 방식을 깊이 이해할 필요가 있다. 아래는 전형적인 부르고뉴 와인 라벨의 예시로, 부르고뉴의 와인 분류 및 명칭 시스템을 대략적으로 파악하는 데 도움이 될 수 있다.

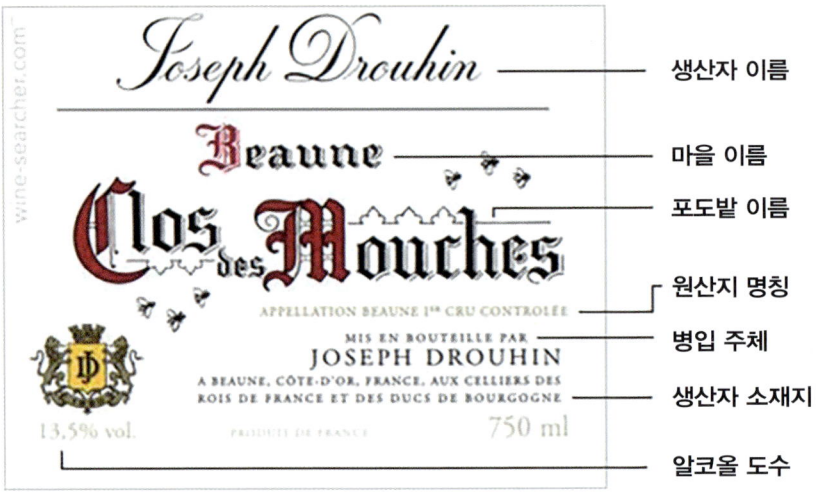

▲ 부르고뉴 라벨

    부르고뉴 와인의 품질은 주로 생산자에 따라 달라지지만, 포도가 재배된 포도원 역시 중요한 의미를 가진다. 대부분의 와인 라벨에는 와인의 명칭과 품질 등급과 함께 포도원 이름이 기재되어 있다.

    1930년대 이후, 부르고뉴의 포도원은 각 지역의 떼루아 특성과 와인의 잠재적 품질을 기준으로 공식적으로 분류되었다. 프랑스 와인 원산지 명칭 국가위원회에 의해 '그랑 크뤼', '프리미에 크뤼', '마을' 등급으로 나뉘며, 이 기준에 포함되지 않는 포도원의 와인은 그보다 낮은 등급인 '지방' 단위 명칭을 부여받는다.

    그랑 크뤼 등급은 부르고뉴에서 최고 품질을 자랑하는 포도원 구역을 의미하며, 각 구역은 독립적인 명칭을 가진다. 현재 부르고뉴에는 33개의 그랑 크뤼 포도원이 있으며, 해당 와인의 라벨에는 정확한 포도원 명칭이 표기될 수 있다.

프리미에 크뤼 등급은 그랑 크뤼 등급에 미치지는 않지만, 여전히 매우 높은 품질을 가진 포도원 구역을 나타낸다. 모든 프리미에 크뤼 와인은 해당 마을 명칭을 포함하지만, 특정 우수 포도원에서 생산된 경우에는 그 포도원의 이름이 추가로 라벨에 표기될 수 있다. 2025년 5월 현재 부르고뉴에는 668개의 프리미에 크뤼 포도원이 존재한다.

마을 등급은 그랑 크뤼나 프리미에 크뤼 등급은 아니지만, 여전히 좋은 품질의 와인을 생산할 수 있는 지역이다. 마을 와인은 단일 포도원에서 생산될 수도 있고, 같은 마을 내 여러 포도원에서 수확한 포도를 혼합해 만들 수도 있다. 이 와인들은 마을 명칭 또는 그보다 낮은 수준의 지역 명칭을 라벨에 표기할 수 있다.

지방 명칭 등급은 그랑 크뤼, 프리미에 크뤼, 마을 등급에 포함되지 않는 넓은 지역에서 생산된 와인을 의미한다. 이러한 와인은 특정 포도원이 아닌 보다 광범위한 지역에서 재배된 포도를 사용하며, 부르고뉴나 부르고뉴 알리고떼처럼 지역 단위 명칭이 라벨에 표기된다. 일부 경우에는 마을 이름이 포함될 수 있으나, 이는 크뤼 등급 포도원의 명칭과는 전혀 다른 개념이므로 혼동하지 않도록 해야 한다.

도멘 vs. 네고시앙

부르고뉴에서는 토지 소유가 소규모로 단편화되어 있기 때문에, 포도원도멘 소유자 중 일부만이 직접 와인을 생산하고 병입하여 시장에 내놓는다. 이러한 도멘에서 생산된 와인은 라벨에 'Mis en bouteille au Domaine도멘에서 병입'이라는 문구를 명시하여 직접 생산·병입한 와인임을 알린다. 그러나 대부분의 도멘은 협동조합이나 네고시앙에 포도 또는 미완성 와인을 판매한다. 네고시앙은 여러 재배자로부터 포도나 와인을 구매한 뒤, 이를 숙성·블렌딩하여 병입한 후, 자체 브랜드로 시장에 출시한다.

부르고뉴 와인의 라벨 읽기

와인 라벨에는 다양한 법적 규정이 적용된다. 일반적으로 직사각형이지만, 창의적인 형태도 허용된다. 라벨은 병의 어느 위치에 부착해도 무방하며, 필수 기재 사항이 많아 보조 라벨이 뒷면에 추가되는 경우가 일반적이다.

와인 라벨에는 필수적으로 기재해야 할 정보와 선택적으로 추가할 수 있는 정보가 있다.

필수 기재 사항에는 원산지 정보예: '프랑스 산', '프랑스 제품', 와인 이름 및 아펠라시옹예: Maranges 1er Cru, Appellation Maranges 1er cru Contrôlée, 병입자 또는 생산자 정보예: Mis en Bouteille à la Propriété, Domaine Laurence, 공식 용량예: 75cl, 알코올 도수예: 13% vol. 등이 포함된다. 또한, 배치 번호, 재활용 분류 로고, 메달 수상 와인의 필수 빈티지 표시, 임산부의 와인 섭취 위험을 경고하는 문구 또는 로고, 아황산염 및 기타 성분에 대한 표기도 필수다.

선택 사항으로는 수확 연도모든 와인이 동일 빈티지에서 나온 경우, 병입 장소, 포도나무 수령규정 없이 'Vieilles Vignes'라고 표기 가능, 포도 품종명해당 품종으로만 만든 경우, 지역 AOC 와인에 한해 허용, 재배자의 상표, '유기농 와인' 인증과 관련된 라벨, 숙성 정도, 오크통 숙성 여부, 색상, 생산 유형예: 늦은 수확, 잔당 함량, 바코드, 그 외 유용한 정보 등이 있다.

일반적으로 하나의 메인 라벨 외에도 병목 라벨, 규제 정보가 포함된 보조 라벨, 소비자를 위한 추가 정보를 제공하는 뒷면 라벨, 세로 리본 또는 펜던트 같은 다양한 보조 라벨이 함께 사용된다.

부르고뉴 AOC 위반 사례
규범을 위반한 오래된 관행

미니토픽 2

프랑스 부르고뉴 와인은 세계적인 명성을 자랑한다. 하지만 그 명성 뒤에는 매우 엄격한 원산지 통제 명칭 제도, 즉 AOC가 있다. AOC는 단순히 포도 재배 지역만을 규정하는 것이 아니라, 품종, 수확량, 양조 방식까지 세세하게 통제한다. 이러한 규정 덕분에 부르고뉴 와인은 오랜 시간 동안 신뢰와 품질을 유지해왔다. 그러나 때로는 이 엄격한 규정이 와인 생산자의 내부 관행과 충돌을 일으키기도 한다. 실제 사례를 통해 그 충돌의 모습을 들여다보자.

1990년대 말, 부르고뉴 지역의 한 중견 네고시앙(상업용 와인 생산업체)이 중심이 된 사건은 AOC 규정 위반의 대표적인 예로 회자된다. 해당 회사는 고급 부르고뉴 와인을 생산한다고 주장했지만, 실상은 남프랑스 랑그독 지역에서 조달한 저가 와인을 혼합해 판매하고 있었다. 이들은 색이 옅은 피노 누아의 외형을 개선하기 위해 과즙까지 붉은색을 띠는 알리칸트 부셰 Alicante Bouschet 품종을 사용했고, 일부 와인의 경우 최대 79%가 부르고뉴산이 아니었다. 놀라운 것은 이 와인들이 현지 품평회에서 금메달을 수상하고 좋은 평가를 받았다는 점이다. 와인의 출처와 혼합 내용이 드러난 이후, 소비자와 업계 전반은 충격에 휩싸였다.

재판 과정에서 해당 네고시앙의 전 소유주들은 자신의 행위가 사기가 아니라 관행이었다고 주장했다. 그들에 따르면, 와인의 색과 풍미를 보완하기 위해 남부 프랑스산 와인을 블렌딩하는 방식은 그 집안에서 수십 년간 해오던 방식이며, 다른 생산자들도 조용히 비슷한 방법을 사용하고 있다고 항변했다. 그들은 오히려 AOC 규정이 시대에 뒤처졌고, 현재의 소비자 기대와 시장 현실에 부합하지 않는다고 지적하며, 자신들의 행위는 오히려 좋은 와인을 만들기 위한 전통적인 방식이었다고 주장했다.

하지만 법원은 이를 받아들이지 않았다. 2000년대 초 이 사건은 프랑스 디종 형사법원으로 넘어갔고, 해당 회사의 전 소유주 두 사람은 각각 1년의 집행유예와 수만 유로의 벌금형을 선고받았다. 또한 셀러 마스터 역시 상부의 지시에 따라 조작에 가담한 사실을 인정하면서 처벌을 받았다. 한편, 회사가 인수된 이후 새로 부임한 경영진은 과거의 불법행위를 자발적으로 신고하며 수사에 협조했지만, 그 역시 이전 재고 처리 과정에서 문제가 있었다는 의혹으로 추가 조사를 받기도 했다.

이 사건은 단순히 한 기업의 일탈을 넘어, AOC 규정의 본질과 그 사회적 책임에 대한 논의를 불러일으켰다. 부르고뉴 와인의 전통성과 지역성을 상징하는 AOC라는 제도가, 상업적 압력과 소비자 기대 사이에서 얼마나 쉽게 흔들릴 수 있는지를 보여준 사례였다. 특히 이 사건 이후 프랑스 내에서는 AOC 명칭의 오용에 대한 감시가 한층 강화되었고, 생산자들 사이에서도 품질과 투명성에 대한 자정 노력이 이어졌다.

또한 이 사건은 부르고뉴 와인 업계에 긍정적인 변화를 가져오기도 했다. 해당 업체는 이후 유기농 재배 방식으로 전환하고, 수확량을 줄이며 고급 와인 생산에 집중하게 되었다. 이를 계기로 다른 와인 생산자들 역시 AOC 규정의 본질을 되새기며, 품질 중심의 경영으로 방향을 전환했다.

AOC 제도는 단순한 행정적 분류가 아니다. 그것은 수백 년에 걸쳐 축적된 경험과 전통, 그리고 지역성과 품질을 보호하기 위한 사회적 약속이다. 위와 같은 사례는 AOC 규정이 단순히 '까다롭고 불편한 룰'이 아니라, 프랑스 와인의 명성과 신뢰를 지켜주는 마지막 방어선임을 여실히 보여준다.

　부르고뉴 와인을 마신다는 것은, 그 와인이 어디에서, 어떤 방식으로, 어떤 사람에 의해 만들어졌는지를 신뢰한다는 뜻이다. 그 신뢰를 지키기 위해 AOC 제도는 오늘도 엄격하고, 그래서 더욱 필요하다. **(이창규)**

샤블리 마을 입구의 포도원 안내 방향판

제4장

샤블리와
그랑 오세루아

샤블리

지도로 보는
샤블리와 그랑 오세루아

주와니

샤블리

에피뇌이

또네르

오세르

쉬트리

쌩-브리

이랑시

꿀랑주
-라-비너즈

베즐레

레지오날(지방) 명칭 AOC	
빌라주(마을) AOC	

1.
샤블리 *Chablis*

명품 화이트 와인이 생산되는 샤블리 지역은 부르고뉴 지방의 가장 북쪽에 위치하며, 프랑스 행정구역상 욘 주에 속해있다. 부르고뉴 와인 생산지 중 가장 북쪽에 위치하며 수도 파리와 가장 가까운 약 180킬로미터 샤블리는 '부르고뉴의 골든 게이트'라고 불린다. 여기서 '골드'는 샤르도네로 빚은 화이트 와인에서 나타나는 연둣빛이 감도는 금빛에서 유래했다.

샤블리 와인은 다른 부르고뉴 지방의 무게감과 풍성한 맛을 가진 와인보다는 조금 더 드라이하고 신선한 스타일을 지닌다. 대부분의 부르고뉴 화이트 와인과 달리 샤블리는 거의 오크통에 숙성하지 않는 편이다. 샤블리는 순수, 가벼움, 깔끔하고 상쾌한 풍미를 특징으로 하기 때문이다. 일반적으로 오크통 숙성은 추가적 복합성과 그 깊이가 오크 향에 압도당하지 않을 정도의 수준에서 프리미에 크뤼와 그랑 크뤼 와인으로 제한한다.

샤르도네 품종은 화이트 와인의 국제적인 기준이 되었다. 어느 것과 비교해도 뒤지지 않는 품질과 명성을 자랑하는 샤르도네의 모국은 바로 부르고뉴이며, 샤블리 포도원 전체에 공식적으로 허용된 유일한 포도 품종이 샤르도네이다. 이 때문에 샤블리는 비교적 이해하기 쉬운 프랑스 와인 생산 지역 중 하나일 수 있다. 샤르도네 와인은 세계 곳곳에서 만들 수 있지만, 샤블리는 오직 샤블리 지방에서만 생산되기 때문에 라벨상에서 샤르도네가 강조되지 않는다. 샤블리는 샤르도네 품종의 가장 순수하면서도 특별한 표현인 것이다.

샤르도네는 가장 다목적으로 음식 친화적인 와인 중 하나이며, 버터 향, 오크 향이 강한 샤르도네로부터 상쾌하고 미네랄이 풍성한 샤르도네까지 다양한 스타일로 표현된다. 순수한 샤블리 스타일은 미네랄 함축과 상쾌한 산도와 더불어 훌륭한 청량감을 가진 것으로 유명한데, 세계적으로 가장 인정받고 높은 평가를 받는 스타일의 와인이다. 특별한 토양, 완벽하게 적합한 기후, 열정적인 와인 재배자들이 샤블리의 독특하고 우아하며 귀족적인 와인의 특징을 결정짓는 핵심 요소들이다. 샤블리 와인은 굴을 비롯하여 생선, 게, 새우, 가재 등 다양한 해산물 요리와 잘 어울린다.

이렇듯 샤블리는 특별한 명성을 쌓아서 가장 훌륭한 드라이 화이트 와인의 대명사가 되었다. 그래서 샤블리만큼 원산지가 빈번히 표절된 와인은 없다. 일반적인 샤블리라고 주장하는 와인이 과거에는 캘리포니아, 호주, 남아공 그리고 뉴질랜드에서 생산되고 있었으며, 진품 샤블리 와인만큼이나 판매되고 있었는데, 이는 아마도 샤블리 성공에 대한 대가인 듯하다. 샤블리 포도 재배 업자들은 원산지 명칭에 걸맞은 품질의 와인을 만들기 위해 최선의 노력을 다하고 있다.

샤블리의 역사

'샤블리'라는 이름은 2개의 켈트 단어에서 유래되었다. '집'을 의미하는 'Cab'과 '숲과 가까운'으로 번역할 수 있는 'Leya'가 바로 그것으로, 프랑스의 이 작은 마을은 먼 옛날에도 살기 좋은 곳이었던 것으로 여겨진다. 이곳에는 신석기 시대 마을의 흔적이 있으며, 그 후 갈리아 시대 포도나무로 요새를 만든 농장의 폐허가 여전히 남아있다.

하지만 샤블리의 진정한 시초는 로마 시대에 4개의 대규모 장원이 생긴 이후부터이다. 로마의 도미티엥Domitien, 81~86년 황제가 군림하던 시기에는 샤블리의 모든 포도나무를 뽑아야 했으나, 프로부스Probus, 276~282년 황제가 다시 포도나무를 심도록 명함으로써 샤블리 땅에서 다시 와인을 마실 수 있게 되었다.

▲ 그랑 크뤼 레 끌로 포도밭에서 내려다본 샤블리 마을 전경

샤블리와 그 와인의 과거는 뽕띠니Pontigny 사원의 역사와 함께한다. 시토파 수도회의 둘째 '딸'이라고 불리는 뽕띠니 사원은 12세기 초에 설립되었다. 시토 수도원은 1130년부터 샤블리에 포도밭을 소유하고, 수도사들은 멋진 포도 저장고 쁘띠 뽕띠니를 만든다. 끌로 드 부조와 동시대의 것으로서, 와인 품질 향상에 대한 이들의 영향력은 대단한 것이었다. 샤블리의 와인은 빠른 속도로 오세르의 명성을 앞질렀다. 오세르 지역 와인은 7세기부터 그 기세를 떨치고 있었는데, 12세기 당시에 토마 드 로슈Thomas de Loche는 "허락된 모든 것 이상으로 맛있는 와인"이라고 평가할 정도였다.

그 후 많은 시련을 겪은 후 18세기 들어서 과거의 번영을 되찾기 시작했다. 철도가 생기기 전부터 배나 뗏목을 이용하여 오세르 항구를 통해 파리로 운송되던 샤블리 와인이 프랑스 왕의 식탁 위에도 등장하게 되고 그 인기는 전 세계 무대로 뻗어 나가기 시작했다.

하지만 19세기 말, 미국에서 건너온 작은 진딧물인 필록세라와 노균병이 포도밭을 초토화시켰으며, 곧이어 제1차 세계대전에서 전사한 젊은이들이 많아 상황은 더욱 악화되었다. 제2차 세계대전이 끝난 후 샤블리의 재배면적은 550헥타르까지 줄어 들었다. 그러나 포도 재배업자들의 피나는 노력 끝에 샤르도네 묘목인 보누아Beaunois를 미국산 대목root stock에 접붙임으로써 필록세라에 대한 대책을 강구하고 보르도액을 사용해 노균병마저 해결하여 이 위기를 극복할 수 있었다.

1940년 6월 15일 독일군의 샤블리 마을 폭파 이후, 샤블리는 1949년 첫 와인 축제를 개최하며 샤블리의 부활을 널리 알렸다. 그러나 본격적인 발전은 1957년 엄동설한을 보낸 후 기계화와 함께 포도밭 내 보온시스템이 도입되면서 시작되었고 특히 수확량이 많았던 1970년산과 함께 샤블리는 다시 과거의 영광을 재현하였다.

▲ 점토, 석회, 화석이 풍부한 샤블리의 토양

포도밭 토양

샤블리의 언덕과 토양은 샤르도네를 위한 천국이다. 샤블리 와인의 경계 구역은 약 1억 5천만 년 전의 쥐라기 시대 석회질 토양 위에 위치한다. 샤블리 지역 내에서 떼루아 간의 경계는 키메리지안 토양과 포틀랜디언Portlandien 토양에 의해서 나누어지는데, 이 중 상당한 석회 함유량을 가지고 있으며 해양 화석뿐만 아니라 풍부한 미네랄을 가진 점토질의 흙으로 구성된 키메리지안 토양이 보다 높게 평가된다. 키메리지안 토양은 프리미에 크뤼와 그랑 크뤼 와인의 트레이드 마크인 미네랄 특징의 원천이기도 하다. 이와는 대조적으로, 포틀랜디언 토양은 점토성이나 화석이 다소 풍부하지 않아 미네랄 성분이 적은 대신 과일 향이 좀 더 풍부한 와인을 생산한다.

프리미에 크뤼와 그랑 크뤼로 분류된 포도밭들은 동남, 남, 남서 방향으로 고도 120~160미터의 경사지에 위치해 있고, 기울기는 약 20도이다. 이곳의 가장 대표적인 토양은 해양 화석이 풍부한 키메리지안 토양으로 자갈 비율이 매우 높으며, 특히 작은 굴 화석이 많은 까닭에 이 토양에서 생산된 와인은 미네랄 성분이 강하게 느껴지는 것이 특징이다.

일반 샤블리 와인 산지는 쥐라기 상부통에서 포틀랜디언층으로까지 넓게 퍼져있으며, 이 토양층은 고도 200~250미터에 위치한 고원 내 더욱 압축적인 석회질로 구성되어 있다. 쁘띠 샤블리와 샤블리의 일부는 화석이 없는 쥐라기 상부통에 자리 잡고 있으며, 이곳의 와인은 대체적으로 유연하고 과일 향이 풍부하다.

기후

부르고뉴 북서쪽으로 멀리 떨어진 샤블리 마을은 다른 부르고뉴 지방보다 더욱 서늘한 기후를 가지고 있어서, 샤블리에서 특정 포도밭의 영향이 와인 스타일에 보다 명백히 나타난다. 샤블리는 추운 대륙성 기후로 분류되는 경우가 많으나 실제로는 확실히 분류하기는 어렵다. 욘 지방은 전체적으로 해양성 기후의 경향이 있고 샤블리 지역도 장소에 따라 크게 다르며 변형 해양성 기후로도 불리나 대체로 서늘한 대륙성 기후로 분류되는 편이다. 주로 남쪽과 남서쪽 바람이 분다. 연간 150~170일가량 비가 내리지만 골고루 배분되어 650~850밀리미터의 총강수량을 기록하며 9월은 대체로 건조하다. 연간 평균기온은 섭씨 11도 정도이다. 최저로 내려갈 때는 1월에 영하 20도까지이며 4월 말에서 5월 초 포도나무가 성장을 시작할 즈음에도 0도 이하로 내려갈 때도 있다. 9월은 건조한 날씨에 야간에는 기온이 5도까지 내려가는 경우도 있고 낮에는 25도에서 30도까지도 올라가는 경우도 있어 포도의 성숙기와 수확기 품질에 좋은 영향을 미친다.

샤블리는 위치와 특징 면에서 샹파뉴 지역과 사실상 가깝다. 포도밭은 혹독한 추위의 겨울과 봄의 서리로 인해 잦은 피해를 받으며, 뜨거운 여름을 견뎌야 한다. 그래서 다른 부르고뉴 지방보다도 수확량의 유동성이 심하다.

샤블리는 부르고뉴 지역의 가장 북쪽에 위치한 와인 생산지로, 드라이한 샤르도네 생산에 최적의 균형을 이루고 있는 지역이다. 즉, 맛에 있어서 풍부한 과일 향과 신선함 사이에서 적절한 균형을 유지하는 것이 샤블리 와인의 특징이며, 이 균형이 샤블리 와인의 세련됨과 우아함을 만들어 주는 것이다.

샤블리 포도원의 4개 AOC와 와인 특징

지난 1938년 원산지 명칭 국가위원회는 오랜 시간에 걸쳐서 축적된 경험과 지질학적 자료를 바탕으로 샤블리 지역에 AOC 지위를 공식적으로 부여하기로 했으며, 이에 따라 AOC 샤블리 지역은 쁘띠 샤블리, 샤블리, 샤블리 프리미에 크뤼, 샤블리 그랑 크뤼 네 가지의 등급으로 나뉘었다.

2023년 기준으로 샤블리의 총 재배면적은 약 5,800헥타르로, 스렌Serein 계곡을 따라 20개의 작은 마을에 걸쳐있다. 1955년 550헥타르에 불과하던 샤블리 생산면적은 1981년 1,600헥타르, 1990년 3,020헥타르, 2002년 4,308헥타르로 해마다 점차 증가하고 있다. 원산지로 정해진 모든 면적에 아직 포도나무가 심어지지 않은 상태라 이는 더욱 증가할 것으로 보이나, 이는 쁘띠 샤블리와 샤블리에만 해당된다. 샤블리 그랑 크뤼와 샤블리 프리미에 크뤼에는 현재 모두 심어진 상태다.

쁘띠 샤블리
쁘띠 샤블리는 가장 낮은 등급의 샤블리로, 이 지방의 포도원에서 다소 낮게 평가된 포도원을 등급에 포함시키기 위해 1944년에 만들어졌다.

일반적으로 프리미에 크뤼와 그랑 크뤼 위쪽 고원지역에 위치하는데, 바람에 더욱 많이 노출되고 오후 햇볕을 적절히 받지 못하기 때문에 이 포도밭은 다른 좋은 포도원에 비하여 동일한 기후와 지리적 이점을 누리지 못해 덜 복합적이고 덜 정제된 와인을 생산한다. 대체로 가볍고 신선한 쁘띠 샤블리는 보통 햇포도주일 때 식전주로 마신다. 생산구역, 포도나무 수령, 수확 연도에 따라 과일이나 흰 꽃, 또는 미네랄 향이 특징이며 가격 대비 품질이 훌륭하다. 재배면적은 1,256헥타르 정도이며 샤블리 전체 생산량의 약 20%를 차지한다.

샤블리

4개의 원산지 중 면적이 가장 넓은 곳으로 재배면적은 3,715.99헥타르며 샤블리 전체 생산량의 약 65%를 차지한다. 넓은 범위에 걸쳐있기 때문에 여건 및 일조량이 다양하여 특징짓기가 어렵다. 포도나무의 수령, 수확 연도, 포도 재배업자 스타일 또한 최종 결과에 영향을 끼친다. 쁘띠 샤블리와 비교할 때, 샤블리는 보다 강한 구조감을 느낄 수 있고, 입안의 여운과 볼륨감이 월등하다. 짧은 숙성에도 훌륭하며 2년 정도 숙성하면 이상적이라고 한다. 해산물이나 생선구이와 잘 어울린다.

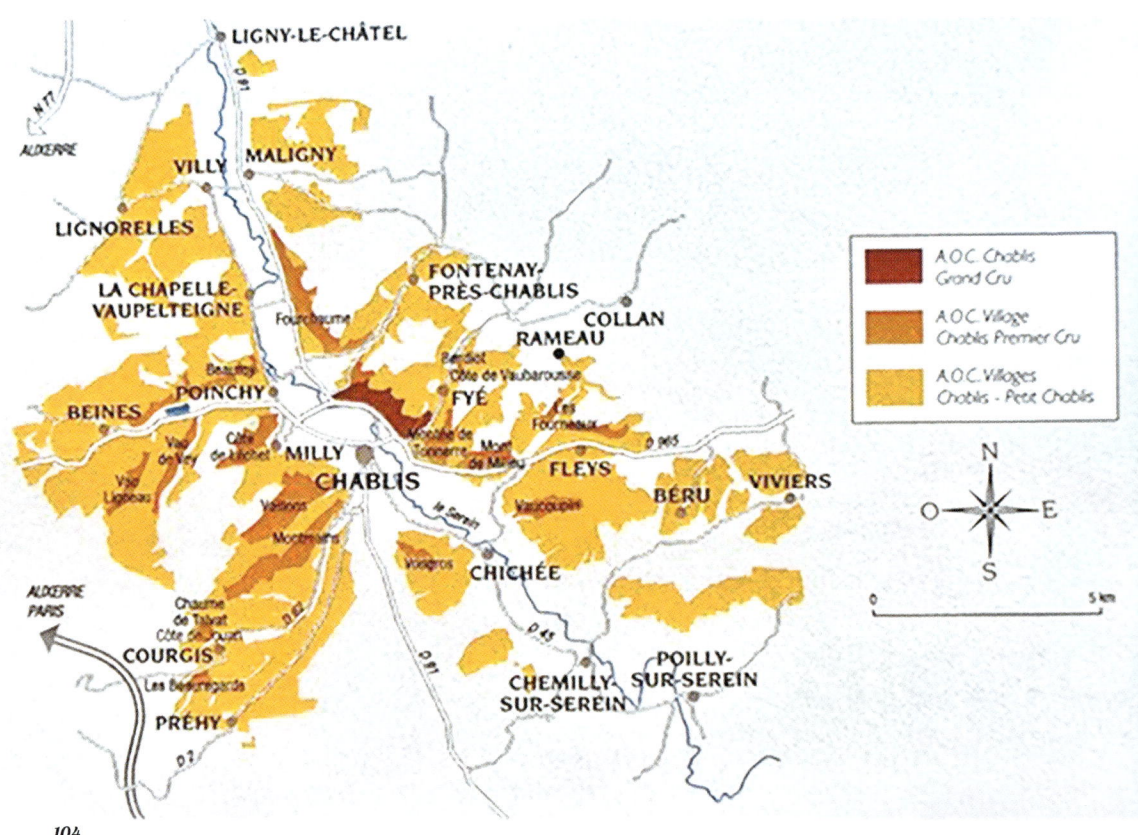

샤블리 프리미에 크뤼

샤블리 프리미에 크뤼는 대체로 일반 샤블리보다는 고품질로 분류되나 그랑 크뤼의 품질로 분류되기에는 불충분한 포도밭에서 생산되는 것으로 세분화된 품질 분류이다. 샤블리 그랑 크뤼보다는 넓은 지역에서 보급되고 있으며, 샤블리와 샤블리 그랑 크뤼의 중간 수준 품질 관리 절차를 거친다. 생산량보다는 품질에 더 중점을 두기 위해, 최대 허용 생산량을 도입하여 엄격하게 제한하고 있다. 잠재 알코올 도수는 보통의 샤블리 와인보다 0.5도가 높아야 하는데 이를 위해 와인 생산자들은 충분히 익은 포도를 수확해야 한다.

샤블리 프리미에 크뤼의 토양은 키메리지안 토양 유형에 해당하는데, 석회가 풍부한 점토질의 흙과 화석화된 해양생물들을 눈으로 볼 수 있는 것으로 유명하다. 현지 사람들은 이 토양이 미네랄과 투명함을 특징으로 하는 와인 특유의 맛과 향기를 만들어 내는 핵심 요인이라고 믿는다. 현지의 기후와 지형은 샤블리 떼루아에 있어 두 번째로 중요한 요인으로서, 상대적으로 서늘한 기후는 더욱 오래 성숙되는 기간을 거치기 때문에 그로 인한 장점을 취할 수 있다. 또한, 스렌강 언덕의 남향을 바라보는 비탈의 재배지는 오후의 햇볕에 보다 긴 시간 노출될 수 있기 때문에 포도가 완전히 생장할 수 있도록 돕는다. 샤블리 프리미에 크뤼는 일반적으로 5년에서 10년 정도 병 숙성했을 때 가장 맛있다.

샤블리 프리미에 크뤼는 40개 끌리마가 있으며 각각 개성이 뚜렷한 떼루아를 가지고 있다. 1938년에 샤블리 프리미에 크뤼로 지정된 이래 꾸준히 확장된 재배면적은 772.32헥타르이며 샤블리 전체 생산량의 약 13%를 차지한다. 전통적으로 샤블리 지역의 스렌강을 따라 남향 언덕에 대부분 위치하고 있다. 이들은 '리외디'라고 불리는 79개에 달하는 작은 포도원으로 다시 나뉘기도 한다. 하지만 실질적으로 이 모두가 사용되고 있는 것은 아니고, 약 40개의 프리미에 크뤼가 있으며, 그중 17개의 끌리마 명칭이 대체로 잘 알려져 있다.

와인 라벨에 이 '리외디'의 명칭들은 보통 표기되고 있지 않는데, 그 첫째 이유는 샤블리의 와인 생산자들은 '프리미에 크뤼' 또는 포도원의 이름 둘 중 아무것이나 선택하여 사용할 수 있기 때문이고, 둘째로는 와인 명칭법에서 와인 생산자들이 '리외디'보다는 포도가 재배된 끌리마의 이름을 와인 라벨에 표기할 수 있도록 허락했기 때문이다.

각 프리미에 크뤼는 자기만의 스타일이 있다. 일부는 몽떼 드 또네르Montée de Tonnerre 또는 꼬뜨 드 레쉐Côte de Léchet와 같이 미네랄부싯돌 향이 나면서 좀 더 강렬한 맛이 나기도 하며, 일부는 보루아Beauroy 또는 몽맹Montmains과 같이 부드럽고 과일 향이 나는 것이 특징이다.

샤블리 그랑 크뤼

샤블리 그랑 크뤼는 샤블리 지방에서 생산되는 최상의 드라이 화이트 와인을 위한 명칭이다. 샤블리 마을 바로 위, 스렝강을 건너 북서쪽에서 남동쪽으로 이어지는 100.89헥타르 규모의 급경사면 포도밭으로, 총 7개의 끌리마로 구분된다. 전체 샤블리 생산량의 약 1.5%에 불과할 만큼 희소성이 높다. 포도밭 지형은 남서 방향에서 남동 방향으로 연결되며, 햇빛을 충분히 받을 수 있는 이상적인 입지이다.

▼ 그랑 크뤼 레 끌로와 발뮈르의 경계

샤블리 그랑 크뤼에 숨겨진 비밀은 특정 떼루아에서 생산된 와인이라는 점에 있다. 실제로 샤블리의 특정 기후와 토양 유형의 조합은 와인에 미치는 떼루아의 영향력을 보여주는 전형적인 사례이다. 와인의 상쾌하고 신선한 미네랄 특징을 결정하는 키메리지안 토양과 서늘한 생장철과 늘어난 재배 기간 덕분에 그랑 크뤼 와인에 어울리는 균형 잡힌 산도와 당도의 포도를 완성하게 된다.

샤블리 그랑 크뤼 명칭을 가진 와인들은 엄격한 규제 아래 생산된다. 일반적인 샤블리 와인보다 최대 허용 수확량은 적어야 하며, 최소 알코올 도수는 일반적인 샤블리 와인 도수보다 1도 높아야 한다. 이들은 적어도 추수 이후부터 이듬해 3월 15일 전까지는 영상 25도 이하의 일정한 온도에서 숙성되어야 한다. 샤블리 그랑 크뤼 와인은 생산된 빈티지의 다음 해 3월 30일 이전에는 절대로 공개될 수 없다.

샤블리 그랑 크뤼 와인은 섬세하고 아름다운 라임 아로마 향, 독특한 미네랄의 풍미를 수반하는 것을 특징으로 하는데, 이러한 특징은 현지 토양의 높은 석회질 함유량에 기인한다. 그랑 크뤼 와인은 병 숙성으로 10년에서 15년 정도가 되어야 좋은 맛이 나며, 20년 이상 숙성할 경우 최상의 맛을 보인다.

▼ 스렝강 방면에서 올려다본 그랑 크뤼 밭들

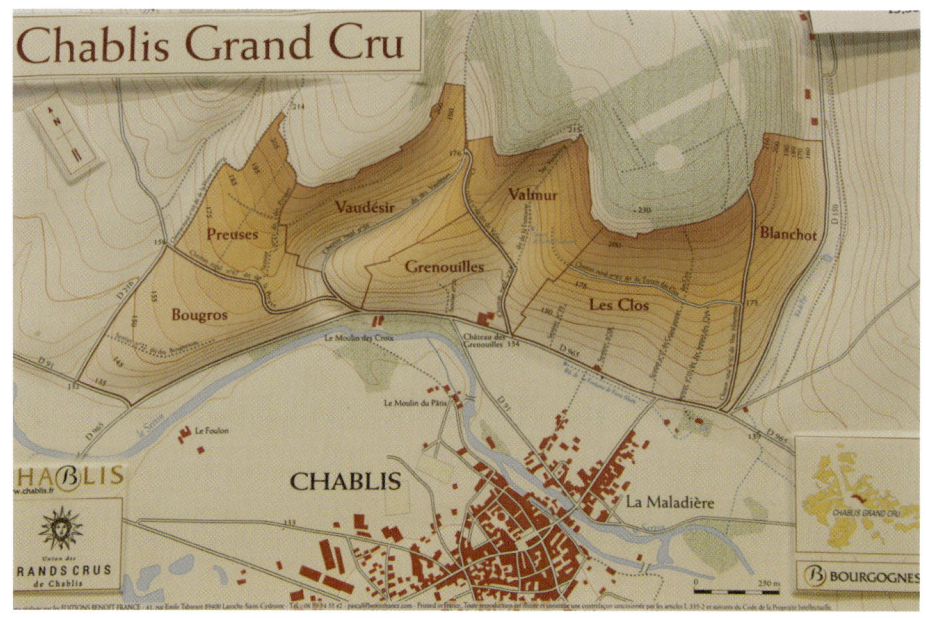

    각각의 그랑 크뤼는 나름의 독특한 개성을 지니고 있는데, 이를 동쪽에서 서쪽 순으로 다음과 같이 요약할 수 있다. 공통적인 특징으로는 장기 숙성이 가능하다는 점, 단단한 구조감, 견과류 풍미와 미네랄, 입에서 느껴지는 풀바디, 복합적이고 깊은 풍미, 그리고 긴 피니시 등이 있다.

- 블랑쇼 Blanchot: 꽃 향, 부드러움, 기분 좋음. 12.51헥타르
- 레 끌로 Les Clos: 미네랄, 강함, 장기 숙성 가능성. 25.79헥타르 최대
- 발뮈르 Valmur: 미네랄, 과일 맛, 매우 균형 잡힘. 10.35헥타르
- 그르누이 Grenouilles: 꽃 향, 과일 맛, 유질감. 9.38헥타르 최소
- 보데지르 Vaudésir: 생동감, 꽃 향, 원만함. 13.56헥타르
- 레 프뢰즈 Les Preuses: 길고, 개성 강함, 예외적인 장기 숙성 가능성. 11.25 헥타르
- 부그로 Bougros: 원만함, 미네랄, 부드러움. 15.12 헥타르

1. 블랑쇼

블랑쇼는 그랑 크뤼의 일곱 끌리마 중 가장 동쪽에 위치하고 있다. 블랑쇼라는 이름은 키메리지안 토양 특유의 강렬한 백색에서 blanc은 프랑스말로 '백색'을 의미 유래한다. 전체 넓이는 12.51헥타르에 불과하다. 블랑쇼는 남서쪽보다는 남동쪽을 바라보고 있어, 오후보다는 오전 햇볕에 더욱 많이 노출된다는 점에서 다른 포도원과 차이가 있다. 아침 햇볕은 덜 강렬하기 때문에 블랑쇼는 다소 서늘한 중기후의 영향을 받는다.

블랑쇼의 비탈면은 매우 경사진 데다 푸른 점토 blue clay 를 포함하고 있어 와인의 미네랄 특징이 두드러진다. 이러한 블랑쇼의 토양과 기후의 특이한 조합은 와인에 더욱 신선한 느낌을 주는데, 이로 인해 블랑쇼는 7개의 샤블리 그랑 크뤼 끌리마 중 가장 독특한 와인 산지로 꼽힌다.

토양의 높은 석회질 함유량과 서늘한 기후 덕분에 블랑쇼 와인은 그르누이 Grenouilles 끌리마와 같은 따뜻한 기후에서 찾을 수 있는 풍부한 복숭아, 자두, 체리와 같은 핵과 향보다는, 두드러진 미네랄 특성과 함께 라임과 자몽의 향을 특징으로 한다.

▼ 남동쪽으로 경사진 그랑 크뤼 블랑쇼 밭

2. 레 끌로

레 끌로는 일곱 샤블리 그랑 크뤼 중 가장 널리 알려지고 넓은 지역의 끌리마로, 샤블리 떼루아의 특징인 키메리지안 토양이 주를 이루며, 남쪽을 향하는 경사지로 25.79헥타르의 크기를 자랑한다. 레 끌로는 샤블리 마을이 내려다보이는 곳에 위치하고 있는데, 이 포도원의 이름은 프랑스어로 포도원을 벽으로 둘러싸고 있다는 의미 clos는 프랑스어로 에워싸인 지역을 뜻함에서 파생되었다.

남향에 위치한 덕분에 레 끌로 와인은 블랑쇼와 같은 서늘한 기후에서 생산된 와인과는 달리 더욱 농후하고 풀바디 느낌을 준다. 또한 잘 익은 핵과와 오렌지 껍질, 그리고 꿀 향을 풍부하게 담고 있어 다른 끌리마보다 짧은 숙성 기간을 거쳐도 좋은 맛을 낸다. 숙성 기간이 길어지면 파워풀하면서도 정교한 특징을 균형감 있게 보여준다.

3. 발뮈르

발뮈르는 그랑 크뤼 지역 중앙부에 언덕의 가장 높은 쪽을 향해 위치하고 있다. 발뮈르는 10.35헥타르의 경사면을 차지하고 있으며, 이 포도밭은 샤블리 떼루아의 본질적인 요소인 키메리지안 토양을 기반으로 재배되고 있다.

발뮈르의 부드럽게 각이 진 지형은 반듯하게 나뉜 다른 끌리마들과는 달리 생산되는 와인의 특징을 단정 짓기 어렵다. 발뮈르 와인은 레 끌로보다는 복합적이고 강한 와인으로 특징지어지는 동시에 이 포도밭의 조금 서늘한 지역에서 생산된 와인은 블랑쇼의 부드럽고 깔끔한 맛과 비슷하다.

4. 그르누이

그르누이 와인은 샤블리의 일곱 그랑 크뤼 중 중앙 부근에서 생산된다. 이 끌리마의 이름은 흥미롭게도 스렝강에 가까이 있는 위치에 기인한다. 그르누이는 프랑스어로 토종 개구리의 집을 뜻하는데 개구리들이 때때로 이 포도원을 방문하곤 한다.

그르누이의 경사지는 자연적으로 형성된 남향의 원형 극장 형태이며, 끌리마는 9.38헥타르의 규모로, 이 중 4분의 3 정도는 라 샤블리지엔느 La Chablisienne 의 소유이며, 샤또 디 그르누이 Château de Grenouilles가 바로 이곳에서 생산된다.

그르누이는 남향인 덕분에 포도알이 충분히 잘 익어 복숭아, 자두, 체리 등 핵과 향에 오렌지 향, 꿀 향 등이 더해진다. 다른 그랑 크뤼와는 달리 조금 더 부드러운 편이며 아직 어린 와인도 마실 수 있다. 게다가 빈티지에 따라 그 풍미가 확연히 다르다. 때로는 강한 느낌을 주기도 하고, 때로는 섬세한 균형감이 돋보이기도 한다.

5. 보데지르

보데지르 와인은 13.56헥타르의 규모로, 이 포도밭은 샤블리 떼루아의 본질적인 요소인 키메리지안 토양을 기반으로 재배되고 있다. 보데지르는 'Chemin des Vaudesirs'라고 알려져 있는 길을 사이에 두고 나뉘는데, 절반은 정남쪽을 향하고 나머지 절반은 남서쪽을 향한다. 포도밭 경사면이 매우 가파른 편이고, 보데지르의 토양은 다른 그랑 크뤼보다는 석회질 함유량이 낮고, 점토성이 약한 편이다.

▲ 그랑 크뤼 보데지르와 그르누이 밭의 전경

6. 프뢰즈

프뢰즈는 그랑 크뤼 지역의 북쪽 가장자리에 위치해 있다. 프뢰즈는 11.25 헥타르의 비탈면을 포괄하고 있으며, 이 포도원도 샤블리 떼루아의 본질 요소인 키메리지안 토양을 기반으로 포도를 재배한다. 프뢰즈의 경사면은 부그로 끌리마에서부터 이어지는데, 처음엔 완만한 지형이지만 점점 올라갈수록 가팔라지는 형태를 띠고 있다. 석회암을 기반으로 하여 탄탄한 점토질의 토양과 상대적으로 깊이 형성된 표토에서 자란 포도는 좀 더 가파른 경사면 위쪽 부근과 보다 완만한 아래쪽 부근 중 어느 곳에서 수확되었는지에 따라 그 성격이 또 달라진다.

또한, 프뢰즈는 장소에 따라 정확히 구별되는 다른 맛과 향의 와인을 생산한다는 점에서 발뮈르와 비슷하다.

7. 부그로

부그로는 그랑 크뤼 경사지의 북서쪽 가장자리에 자리하고 있다. 부그로는 15.12헥타르의 비탈면을 아우르고 있으며, 이 포도원도 샤블리 떼루아의 본질적인 구성 요소인 키메리지안 토양을 바탕으로 하고 있다.

부그로는 스렝강을 접하고 있어, 상대적으로 점토질 토양의 비중이 높은 편이다. 부그로라는 이름은 프랑스어로 두터운 진흙을 의미한다. 이 와인은 다른 그랑 크뤼 끌리마들과는 달리 꽤 둥글고 좀 더 소박한 포도밭에서 만들어진다. 단단하지만 우아한 맛으로 숙성 기간이 짧더라도 맛있게 즐길 수 있는 편이다.

부그로의 경사면의 맨 아래쪽에는 스렝강의 강둑 방향으로 급경사를 이루는 꼬뜨 부르고Côte Bouguerots가 있는데, 이 포도원은 비공식적이지만 뚜렷이 구별되는 하위 끌리마로서, 부그로의 나머지 부분보다 더 흰 토양과 더욱 비탈진 경사지를 가지고 있다. 도멘 윌리엄 페브르William Fevre가 이곳에서 자란 포도로 꼬뜨 부르고 와인을 생산하고 있다.

기타 – 라 무똥느La Moutonne

라 무똥느는 단 2.5헥타르를 차지하는 샤블리 그랑 크뤼의 작은 포도밭을 지칭한다. 이 그랑 크뤼 끌리마는 2개로 또 나누어지는 데, 하나는 프뢰즈의 동쪽 구역, 그리고 나머지 하나는 보데지르의 서쪽 구역에 포함되어 있다.

이 작은 포도원은 몇가지 불확실한 이유 때문에 1938년 지정된 샤블리 그랑 크뤼 명칭 표기에서 제외되었다. 알베르 비쇼Albert Bichot가의 도멘 롱-데빠뀌뜨Long-Depaquit와 프랑스 와인 당국의 이어지는 논의에 따라, 지금의 라 무똥느 와인은 프뢰즈나 보데지르가 아닌, 그 자체로서 샤블리 그랑 크뤼 라벨을 표시할 수 있게 되었다.

2. 샤블리 주변의 주요 빌라주 AOC

샤블리 주변의 그랑 오세루아Grand Auxerrois 지역에도 여러 특이한 AOC 마을들이 있어서 간략하게 설명하기로 한다. 부르고뉴 DGC 코너에서 소개하는 또네르Tonnerre, 에피뇌이Épineuil, 쉬트리Chitry 이외에도 레드 와인을 생산하는 이랑시Irancy와 소비뇽 품종으로 화이트 와인을 생산하는 쌩 브리Saint-Bris 마을이 있다.

이랑시Irancy

샤블리 남서쪽에 위치한 이랑시는 1999년에 지정된 AOC그 이전에는 Bourgogne Irancy로 표시로 욘강 우안에 위치한다.

이랑시는 샤르도네 품종으로 화이트 와인만 생산하는 샤블리에 인접한 마을로는 특이하게 피노 누아를 중심으로 한 레드 와인만 생산할 수 있는 AOC이다. 피노 누아 이외에도 세자르Cesar 품종을 최대 10%까지 블렌딩할 수 있다. 세자르는 약 5헥타르 정도에서만 재배되는데 로마 시대에 이 지역으로 전해졌다고 한다. 고도 130~250미터에 키메리지안 석회암과 점토가 일부 섞인 토양으로 남향 경사면에 포도밭이 있어 일조량 확보에 유리하다.

밝은 루비에서 중간 가넷 정도의 색상에 신선한 산도와 붉은 과일 풍미, 중간 정도의 탄닌으로 가벼우면서 우아한 미디엄 바디 스타일의 와인이 주를 이룬다. 세자르를 블렌딩한 경우에는 탄닌감과 구조감이 조금 증가되어 숙성 잠재력도 높아진다고 한다.

재배면적은 206.86헥타르이며 2025년 현지 방문 때 느낀 점은 포도밭이 계속 확장되고 있으며 지구 온난화의 혜택을 받을 수 있어서 향후 흥미로운 레드 와인 생산지로 성장할 것으로 기대된다.

쌩 브리 Saint-Bris

샤블리 남서쪽 10킬로미터 정도, 욘강 우안에 인접하여 위치한 쌩 브리Saint-Bris는 2003년에 지정된 AOC그 이전에는 Sauvignon de Saint-Bris로 표기로 샤르도네가 화이트 와인의 기본 품종인 부르고뉴에서는 유일하게 소비뇽 블랑과 소비뇽 그리를 사용하여 화이트 와인만 생산하는 AOC이다.

　샤블리와 비슷한 키메리지안 석회암과 점토가 섞인 토양에 서늘한 대륙성 기후의 영향으로 소비뇽 품종의 산도가 잘 살아있다. 연한 레몬색 또는 연초록색의 컬러에 구즈베리, 레몬, 자몽, 흰 꽃, 민트, 가벼운 허브 등의 아로마를 가지며 상큼하고 산도가 높고 미네랄감이 좋은 와인이 생산된다. 비교적 출시 이후 초기에 즐기거나 수년 정도의 숙성 기간 내에 소비하는 스타일의 와인이다. 재배면적은 178.08헥타르이다.

부르고뉴 와인 생산자의 상속법 문제

상속과 분할, 그리고 도멘의 해체

미니토픽 3

부르고뉴의 와인지도를 펼쳐보면, 수많은 끌리마와 이름이 비슷한 수많은 도멘들이 있는 것을 알 수 있다. 이처럼 끌리마와 도멘들이 복잡해진 이유는 이 지역의 독특한 역사와 법률 구조, 그중에서도 '상속'이라는 현실적인 문제에서 비롯되었다.

부르고뉴는 프랑스 민법의 전통에 따라 동등 분할 상속succession égalitaire을 철저히 지켜온 지역이다. 부모가 사망하면 모든 자녀는 동등한 권리로 재산을 상속받는다. 이 제도는 프랑스 혁명 이후 봉건 귀족의 토지 독점을 막기 위한 목적으로 만들어졌지만, 오늘날의 와인 생산 현실에서는 복잡성과 불안정성을 야기한다. 특히 포도밭은 나누기 어려운 자연물이다. 포도나무는 다른 곳으로 옮기기 어렵고, 밭의 미세한 지형이나 토양 차이는 와인의 품질에 큰 영향을 준다. 그럼에도 법적으로는 단 100평짜리 작은 밭이라도 상속인이 4명이면 4등분 해야 하며, 시간이 흐를수록 같은 끌리마 안에 수십 명의 공동 소유주가 생기는 경우도 적지 않다. 이처럼 하나의 토지를 여러 명이 공동으로 소유하는 상태를 '앙디비지옹indivision'이라 부른다. 이는 갈등과 비효율을 초래할 수 있고, 심한 경우 도멘 브랜드 자체가 해체되는 결과로 이어지기도 한다.

이와 관련된 사례는 적지 않다. 꼬뜨 드 본 지역의 한 중견 도멘은 설립자의 사망 이후 4명의 자녀가 각각 지분을 상속받게 되었고, 이 중 2명은 와인 산업에 관심이 없었다. 결국 이들이 지분을 외부에 매각하면서 도멘의 일부 포도밭이 다른 생산자에게 넘어가게 되었고, 브랜드의 일관성과 정체성은 흔들리게 되었다. 외부 매각이 아니더라도, 가족 내부에서 경영 철학이나 재투자 방식을 둘러싼 이견이 생겨 도멘이 2개 이상으로 쪼개지는 경우도 흔하다.

이런 상황을 막기 위해 많은 부르고뉴 도멘들은 사전에 대비책을 마련하고 있다. 그중 가장 널리 사용되는 방법은 '합의 분할partage amiable'이다. 이는 자녀들 간의 합의를 통해 한 사람이 경영권과 핵심 포도밭을 물려받고, 나머지 상속인들은 금전으로 보상을 받는 방식이다. 이를 위해 도멘 전체 자산에 대한 감정이 선행되어야 하며, 보상금은 장기 분할 지급 방식으로 조정되는 경우가 많다. 구조는 복잡하지만, 브랜드를 지키기 위한 가장 현실적인 선택으로 자리 잡고 있다.

또 다른 방법은 포도밭과 도멘 운영권을 법인화하는 것이다. SCI부동산 민간회사나 SARL유한책임회사 같은 형태로 법인을 설립하면, 지분은 쉽게 나눌 수 있으면서도 실제 운영권은 특정 가족 구성원에게 집중시킬 수 있다. 일부 도멘은 법인 내 규정을 통해 지분의 외부 매각을 제한하거나, 경영권 승계를 가족 내 특정 계열로 지정해 두기도 한다. 실제로 부르고뉴에서는 형제들이 각자 '도멘 ○○○ 프레르Frères, 형제들'라는 이름으로 나뉘어 운영하는 사례도 종종 볼 수 있다.

법적으로는 유언testament이나 유증 계약pacte successoral을 통해 특정 자녀에게 도멘을 몰아주는 것도 가능하다. 하지만 프랑스 민법이 보장하는 유류분 제도réserve héréditaire, 즉 자녀 전체에게 일정 몫의 상속을 반드시 남겨야 하는 규정 때문에, 이런 방식은 현실적으로 제한이 많다. 심지어 유언이 있더라도, 다른 자녀가 이에 이의를 제기해 소송으로 이어지는 경우도 적지 않다.

상속 과정에서의 갈등은 단지 가족 내부의 문제가 아니다. 그 여파는 부르고뉴 와인 세계의 전통과 품질, 그리고 정체성을 떠받쳐온 '도멘'이라는 핵심 단위 자체를 흔들 수 있다. 포도밭 한 구획이 나뉘는 일은 단순한 땅의 이동이 아니라, 브랜드의 명성과 소비자의 신뢰에 직접적인 영향을 미치는 일이기 때문이다.

결국 부르고뉴 와인의 진정한 복합성은 병 속이 아니라, 포도밭과 그 소유 구조에 있다. 하나의 포도밭은 단순한 토지가 아니다. 그 안에는 수 세기에 걸쳐 이어져 온 역사와 문화, 그리고 이를 이어가기 위한 수많은 선택이 켜켜이 쌓여있다. 우리가 와인을 마시며 끌리마의 차이를 이야기할 때, 그 이름 뒤에 숨어있는 복잡한 배경과 보이지 않는 균열도 함께 떠올려 보면 어떨까. 병 속 이야기뿐 아니라 병 밖 이야기에도 귀를 기울일 때, 우리는 비로소 와인을 더 깊이 이해하게 된다. (이창규)

그랑 크뤼 로마네 꽁티 코너석

제5장

꼬뜨 드 뉘

지도로 보는
꼬뜨 드 뉘 AOC 마을

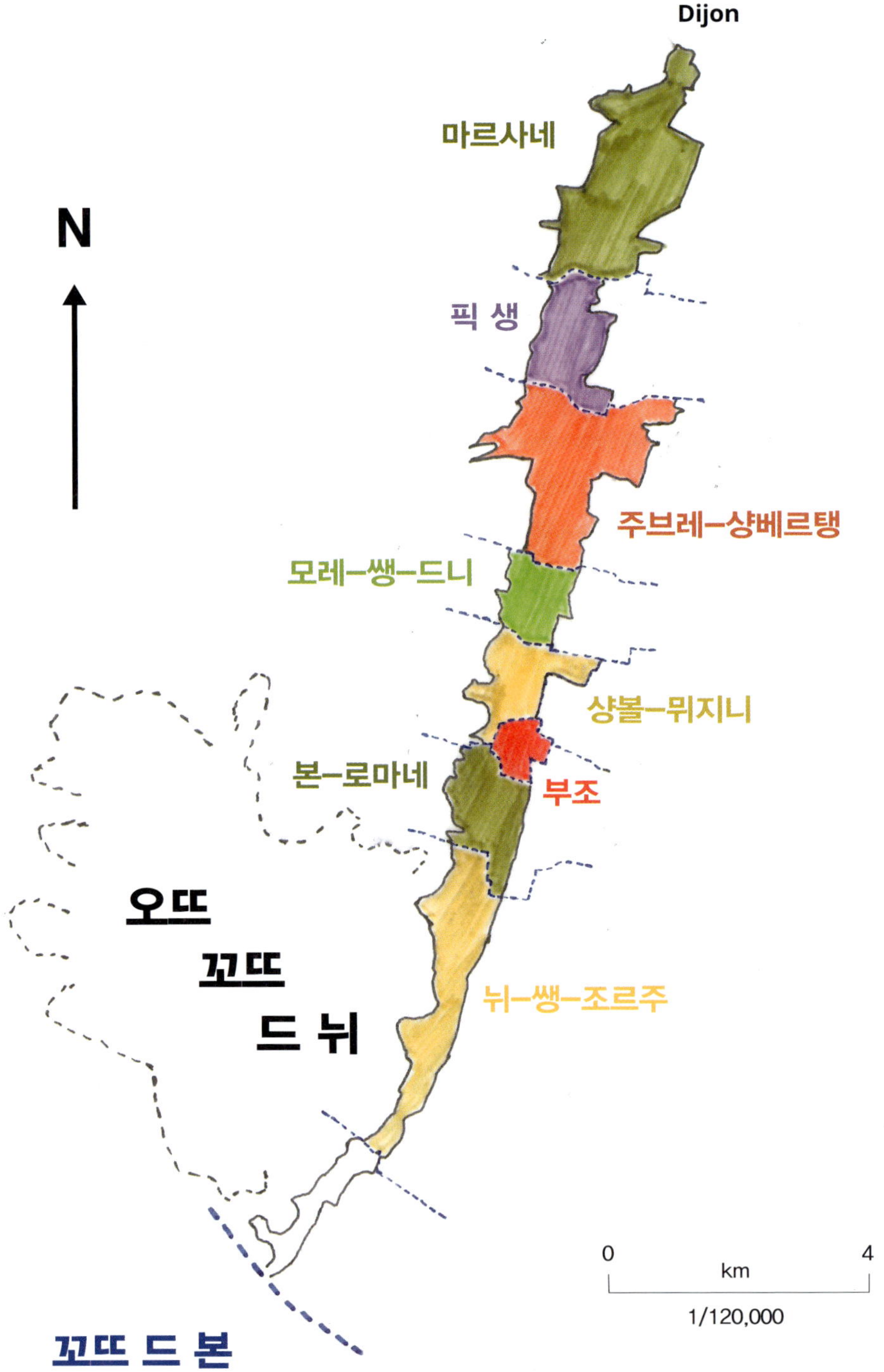

프랑스 수도 파리에서 동남쪽으로 약 300킬로미터 떨어진 곳에 디종Dijon시가 있다. 디종 인근 마르사네 마을에서 D974번 국도를 따라 남쪽의 마랑주 마을에 이르기까지, 약 60킬로미터 길이의 언덕 지역이 부르고뉴의 중심 '꼬뜨 도르'이다. 경사면을 따라 포도밭이 이어지고, 군데군데 작은 마을들이 아름답게 숨어있다. 북에서 남으로 이어지는 언덕의 폭은 그리 넓지 않아서, 1킬로미터가 채 안 되는 곳도 있다.

꼬뜨 도르를 크게 두 지역으로 나누어, 가장 북쪽의 마르사네 마을에서 남쪽의 꼬르골로앵Corgoloin까지는 '꼬뜨 드 뉘', 라두아Ladoix에서 본과 뫼르소를 거쳐 상트네Santenay와 마랑주Maranges에 이르는 지역은 '꼬뜨 드 본'이라 부른다. 이 두 곳에서 부르고뉴 최고의 와인이 생산되며, 부르고뉴의 심장이라 불리기도 한다.

꼬뜨 도르는 말 그대로 '황금의 언덕'을 뜻한다. 이 명칭은 가을이 되면 포도나무 잎사귀들이 황금색으로 물들어 장관을 연출하는 데서 유래하였다. 한편, 지난 수백 년 동안 이 지역에서 세계 최고가의 와인들과 고급 대리석재의 생산으로 부를 창출한 데서 유래된 것으로 보기도 한다.

동향 또는 남동향의 경사면으로 구성되고, 해발고도가 200~400미터에 이른다. 언덕의 모양새는 위치에 따라 완만한 것부터 급경사 비탈에 이르기까지 상당한 차이가 있다. 경사지에 위치하고 있는 포도밭들은 토질, 고도, 방향, 일조량, 강수량 등이 저마다 다르고, 잘게 쪼개진 수많은 '끌리마'를 구성한다. 꼬뜨 도르에는 1,247개의 끌리마가 있다고 한다. 한편, 꼬뜨 도르 서쪽에 해발 400미터가 넘는 구릉지대가 있는데, '언덕 위'라는 뜻으로 '오뜨 꼬뜨'라고 부른다.

1.
마르사네 *Marsannay*

꼬뜨 드 뉘에서 첫 번째로 등장하는 AOC는 마르사네 마을이다. 1987년, 뒤늦게 AOC 빌라주 등급을 받았고, 세노브Chenove, 마르사네 라 꼬뜨Marsannay la-Côte, 꾸쉬Couchey 등 3개 하위 구역을 포함한다. 과거에는 이 지역 포도밭에서 생산된 와인이 수도원이나 명문 가문들의 식탁에 자주 올랐으나, 19세기 이후에는 그 명성이 약화되었으며, 도시화의 영향으로 포도밭의 면적도 많이 줄어들었다.

이 지역의 토양은 쥐라기 중기에 형성된 지층에서 비롯되었다. 토양의 성분 또한 매우 다양하다. 언덕은 완만한 경사면을 이루고, 프리미에 크뤼나 그랑 크뤼 등급이 부여된 포도밭은 없다. 예전부터 마르사네 생산자들은 포도밭 고유의 지리적 명칭을 병기한 와인으로 판매하였고, 롱제루아Longeroies, 끌로 뒤 로이Clos du Roy, 에 셰조Es Chézots 끌리마 등이 대표적이다.

마르사네는 꼬뜨 드 뉘에서 마을 단위 생산지로는 유일하게 레드, 로제 그리고 화이트, 이렇게 세 가지 색상의 와인을 모두 생산하는 마을이다. 포도밭의 전체 면적은 280헥타르 정도인데, 레드와 로제 와인이 약 80%, 화이트 와인은 약 20% 정도를 차지한다. 부르고뉴에서 유일하게 AOC 빌라주 로제 와인을 생산한다.

이곳에 위치하는 주요 생산자는 도멘 브루노 끌레어Domaine Bruno Clair이다. 부르고뉴에서 끌레어 가문의 와인 재배 역사는 19세기 초반까지 거슬러 올라간다. 브루노 씨는 이 가문의 6대째를 대표하며, 1979년에 그의 이름으로 도멘을 설립하였고, 현재는 부부가 세 자녀와 함께 운영 중이다. 이 도멘은 마르사네뿐만 아니라, 꼬뜨 드 뉘 내 여러 마을에서 활발히 와인을 생산하고 있다.

2.
픽생 Fixin

마르사네 마을에서 꾸쉬를 지나 더 남쪽으로 내려가면 픽생 마을에 다다르는데, 100여 헥타르 정도의 포도밭은 픽생 빌라주 또는 꼬뜨 드 뉘 빌라주 와인 명칭을 사용한다. 포도밭 면적의 약 95%는 피노 누아를 재배하고, 나머지는 샤르도네를 생산한다. AOC 픽생 마을은 픽생과 주브레-샹베르탱 사이에 위치한 브로숑Brochon 마을도 포함하지만, 브로숑 구역의 남쪽에 펼쳐진 포도밭 일부는 주브레-샹베르탱 와인 라벨을 사용하기도 한다.

이곳에는 해발 350~380미터 정도의 높은 언덕 지대에 프리미에 크뤼 포도밭이 있는데, 언덕 꼭대기 숲 직전까지 이어진다. 토양은 갈색의 석회암이 주를 이루지만, 레 제르벨레Les Hervelets 끌리마 같은 곳은 점토 성분이 좀 더 많은 이회암에 가깝다. 프리미에 크뤼 포도밭은 모두 여섯 곳이며, 면적은 18.3헥타르 규모이고, 알려진 곳으로는 레 제르벨레, 끌로 드 라 뻬리에르Clos de la Perrière, 끌로 뒤 샤삐뜨르Clos du Chapitre 등이 있다.

픽생의 레드 와인은 마르사네의 그것과 비교했을 때, 좀 더 견고하고 단단한 느낌을 준다. 이웃 주브레 샹베르땡 와인과 스타일이 비슷하다는 평이며, 과실 향과 함께 풍부한 풍미를 보여준다. 반면, 화이트 와인의 경우, 가볍고 신선한 뉘앙스를 보여주고, 마르사네 화이트와 비슷하다고 여겨진다. 한편, 마르사네와 픽생 모두 가성비 좋은 꼬뜨 드 뉘 와인을 생산하는 곳으로 알려져 있으나, 픽생의 경우 와인 생산량이 매우 적은 편이다.

3. 주브레-샹베르탱 *Gevrey-Chambertin*

주브레-
샹베르탱

꼬뜨 드 뉘의 유명한 고급 포도원은 주로 주브레-샹베르탱 마을에 위치한다. 이들은 와인을 생산할 때, 자체적인 엄격한 기준을 충족시키기 위해 노력하고, 때때로 본-로마네 와인과 비교되기도 한다. 본-로마네가 우아하고 감각적인 와인을 생산한다면, 주브레 마을의 와인은 좀 더 활기 넘치는 뉘앙스를 보여준다.

역사적으로는, 640년경 당시 부르고뉴의 왕이 주브레 마을에 위치한 베즈 포도원을 교회에 헌납하였는데, 그곳이 바로 현재의 샹베르탱-끌로 드 베즈 그랑 크뤼 포도원이다. 수도사들이 이곳에 포도나무를 식재하고, 이후 베르탱이라고 불리던 소작농이 재배를 이어받아 지금의 샹베르탱이라는 이름이 유래되었다. 그리고 19세기 중반, 주브레 마을의 샹베르탱 포도원이 그랑 크뤼로 승격되면서, 주브레-샹베르탱 마을이 되었다. 주브레-샹베르탱은 꼬뜨 드 뉘 내 빌라주 AOC 가운데 가장 넓은 면적을 자랑하고, 최상급 와인부터 평범한 와인에 이르기까지 뛰어난 품질을 보여준다.

참고로, 샹베르탱은 나폴레옹 1세가 사랑했던 와인으로 널리 알려져 있다. 그는 심지어 전투가 벌어지는 곳에서도 이 와인 없이 지낼 수 없었다고 한다. 그리고 그 이후에도 여러 왕들이 이 와인을 좋아한 덕분에 '왕들의 와인'이라는 별명이 붙었다.

떼루아-산지

꼬뜨 드 뉘 북단에 위치한 주브레-샹베르탱 마을은 브로숑에서 남쪽으로 이어진다. 재배면적은 약 409헥타르에 달하며, 꼬뜨 도르 지역에서 그랑 크뤼 포도밭이 시작되는 화려한 관문 역할을 한다. 마을 윗부분은 해발 약 380미터의 꽁브 라보 Combe Lavaux 산기슭 북쪽까지 걸쳐있다. 이곳의 지층은 쥐라기 시대에 형성된 다양한 석회질 기반이다. 표토는 석회질 이회암이 섞인 갈색 토양이 주를 이룬다.

주브레-샹베르탱에는 총 26개의 프리미에 크뤼 포도밭이 있으며, 그 재배면적은 약 80헥타르이다. 이 중에서도 끌로 쌩 자끄 Clos St. Jacques 구역은 마을 북쪽 언덕의 남동향 경사지에 위치하며 뛰어난 와인을 생산하는데, 그랑 크뤼에 버금가는 품질로 평가받기도 한다.

주브레-샹베르탱의 그랑 크뤼 포도밭은 마을 중심으로부터 남쪽에 밀집해 있으며, '루트 드 그랑 크뤼D122번 국도'가 이를 관통한다. 남북 길이는 약 1,500미터, 동서 폭은 약 300미터로, 지형은 서쪽 숲 아래부터 단단한 프레모 석회석 지반 위에 완만한 경사를 따라 동쪽 평지까지 이어진다. 포도밭마다 토양과 경사도 차이로 인해 와인의 개성이 뚜렷하다.

와인 특성

주브레-샹베르탱 AOC는 레드 와인만 생산하고, 와인은 대체로 색상이 진하며, 카시스 같은 붉은 과일 향, 사향, 동물 가죽 향 등이 강한 편이다. 살짝 스파이시한 느낌에 더해 자두, 체리의 과일 향도 풍부하다. 숙성 초기에는 파워풀하고 진한 맛과 향 덕분에 다소 거칠게 느껴지지만, 시간이 지나면서 점점 감초 향이 더해지고, 부드러운 질감을 드러낸다. 전체적으로 균형 잡힌 바디감, 적당한 산도, 부드럽고 조화로운 풍미를 가진 장기 숙성형 와인에 속한다. 근사한 고기 요리와 환상적인 앙상블을 이루며 은근히 맛이 강하게 느껴져 피노 누아 와인이 아닌 것 같은 착각이 들 정도이다.

주브레-샹베르탱 마을의 9개 그랑 크뤼

꼬뜨 도르 지역 중에서도, 주브레-샹베르탱 마을은 가장 많은 9개의 그랑 크뤼 포도밭을 보유하고 있다. 총재배면적은 약 86헥타르로, 이는 알록스-꼬르통의 그랑 크뤼에 이어 두 번째로 넓은 규모이다. 꼬뜨 드 뉘 지역 안에서는 가장 넓고, 동시에 가장 화려한 와인을 만들어 내는 지역으로 꼽힌다. 이곳의 와인은 균형 잡힌 구조와 고급스러운 질감을 갖고 있으며, 복합적인 향과 우아함을 지니고 있다. 특히, 숙성될수록 깊이 있는 풍미와 질감을 더욱 선명하게 드러낸다.

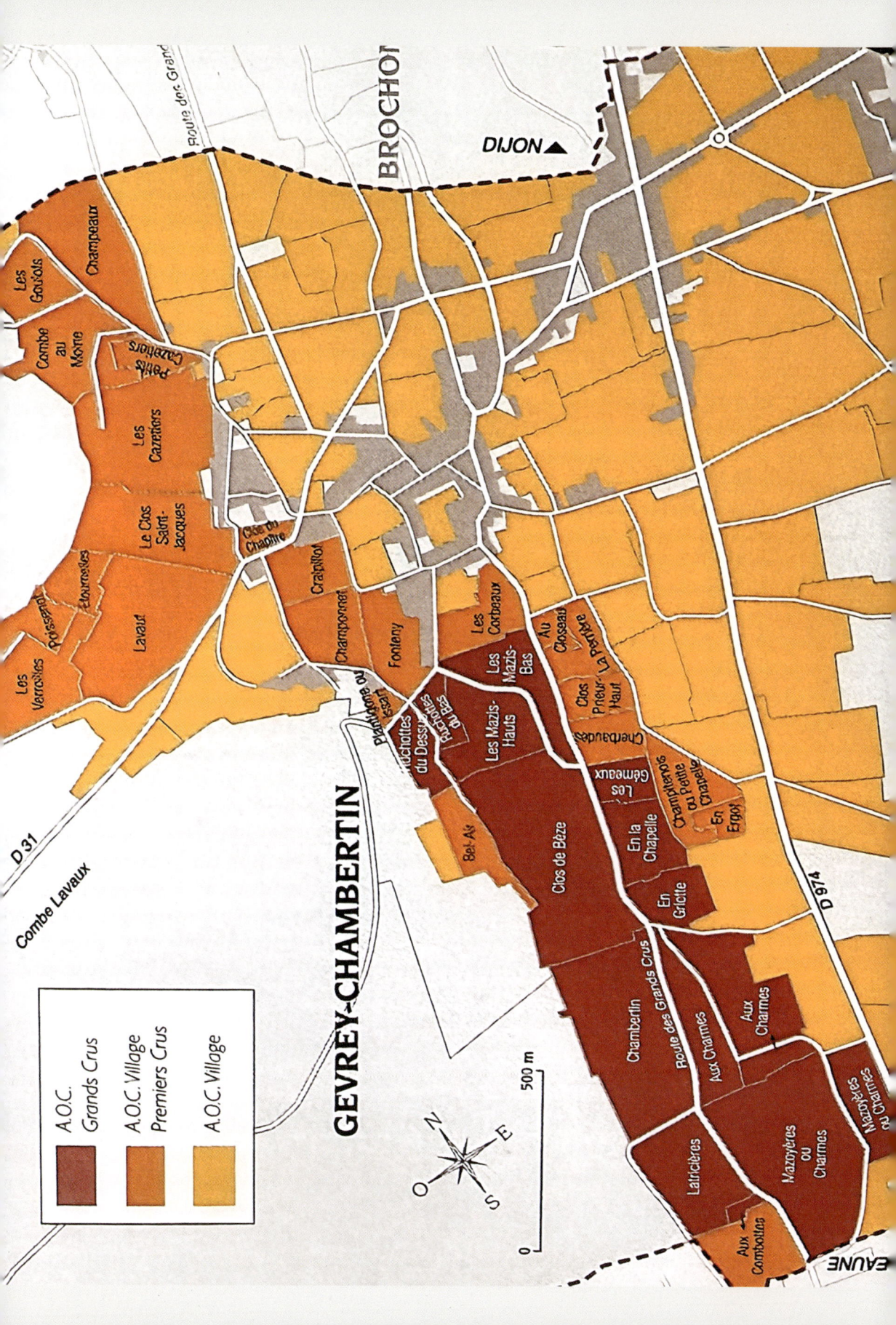

가장 유명한 2개의 그랑 크뤼는 '샹베르탱'과 '샹베르탱-끌로 드 베즈'이다. 이 두 포도밭은 동서 방향 폭이 약 250미터, 남북 길이가 1킬로미터에 이르며, 총면적은 약 28헥타르이다. 여러 생산자들이 이 구역을 나눠 소유하고 와인을 생산한다. 이곳의 와인은 맛이 깊고 무게감이 있으며, 오랜 숙성에 적합한 스타일이다. 일반적으로 샹베르탱 와인은 보다 강인하고 남성적인 느낌을 주고, 샹베르탱-끌로 드 베즈는 상대적으로 부드럽고 우아하게 표현된다. 그 밖의 7개 그랑 크뤼는 오랜 기간에 걸쳐 주브레-샹베르탱 그랑 크뤼에 하나씩 포함되었다.

❶ 마지-샹베르탱 Mazis-Chambertin

마지-샹베르탱은 주브레-샹베르탱에서 모레Morey 방향으로 내려가는 도로 우측에 위치한 가장 북쪽의 그랑 크뤼이다. '마지Mazis'는 프랑스 고어 마쥐르mazures에서 유래한 말로, '작은 집'을 뜻한다. 같은 어원을 가진 지명으로 마주아이에르Mazoyères도 있다. 포도밭은 언덕 위의 마지-오Mazis-Haut와 아래쪽의 마지-바Mazis-Bas, 두 구역으로 나뉜다. 북쪽과 동쪽은 프리미에 크뤼들과 서쪽은 뤼쇼뜨-샹베르탱, 남쪽은 샹베르탱-끌로 드 베즈와 인접해 있다.

떼루아-산지

마지-샹베르탱은 대체로 평탄한 지면으로 되어있지만, 윗부분에는 약간의 경사가 있다. 토양은 주로 돌이 드러난 갈색 바죠시안Bajocian 석회암으로 구성되며, 이는 인접한 끌로 드 베즈와 유사한 특징이다.

상부의 마지-오는 프레모 석회암 지층 위에 있고, 아래쪽 마지-바는 석회질이 섞인 엔트로크entroques 지대에 위치한다. 또한 북서쪽에 인접한 숲에서 흘러드는 선선한 공기의 영향으로, 포도는 샹베르탱 끌리마에 비해 천천히, 그러나 고르게 익는 과정을 거친다.

포도밭은 해발 약 270~280미터에 위치하며, 동향의 완만한 경사면으로 햇빛을 잘 받는다. 곳곳은 돌담과 벽으로 둘러싸여 있으며, 상부일수록 겉흙이 얇고, 하부는 갈색 표토가 두껍게 형성되어 있다. 이 지역에서는 일부 화산암의 흔적도 발견된다.

와인 특성

마지-샹베르탱 와인은 강한 구조와 긴 여운을 지닌, 힘 있는 스타일로 유명하다. 이는 남서쪽 이웃인 샹베르탱-끌로 드 베즈 와인과 자주 비교되며, 두 와인 모두 깊은 색상과 복합적인 향을 특징으로 한다.

풍미는 단단한 탄닌과 우수한 구조감을 바탕으로 균형을 이루며, 숙성될수록 조화로운 맛과 함께 화려한 전형성을 드러낸다. 숙성된 와인에서는 가죽, 송로버섯, 감초 같은 깊은 향과 함께, 들장미 등 꽃향기가 두드러지며 인상적인 복합미를 선사한다. 이러한 풍부함 덕분에, 샤롤레Charollet종 쇠고기, 후추 소스를 곁들인 야생 육류, 오리 요리, 뿔닭 스튜, 숙성 치즈와 훌륭한 궁합을 이룬다.

❷ 뤼쇼뜨-샹베르탱 Ruchottes-Chambertin

'뤼쇼뜨'라는 이름은 이곳의 지형적 특징인 바위를 뜻하는 rocher에 접미사가 붙어서 유래되었다. 한편으로는, '뤼쇼뜨'가 ruche^{벌통}에서 파생되었다는 주장도 있다. 실제로 과거 이곳에서 수도승들이 양봉을 통해 꿀을 얻었으며, 지명은 이러한 수도원 활동에서 비롯되었을 가능성도 제기된다.

떼루아-산지

뤼쇼뜨-샹베르탱은 주브레-샹베르탱 그랑 크뤼 중 가장 북쪽에 위치하며, 작은 포도밭들이 산허리 암반 지대에 모여 있는 지역이다. 포도밭은 두 구역으로 나뉘며, 아래쪽 뤼쇼뜨 뒤 바Bas는 마지와 맞닿아 있고, 위쪽 뤼쇼뜨 드 드쉬Dessus는 프리미에 크뤼 퐁트니Fonteny와 접해있다. 이곳은 경사가 가장 급하고, 토심이 얕아^{약 20센티미터} 곧바로 프레모 암반층이 드러난다. 돌이 많고 척박하지만, 미네랄 풍부한 토양은 세련되고 정제된 와인을 만들어 낸다. 언덕 아래로 갈수록 흙의 양은 많아지고 질감은 부드러워진다.

상단부는 흰 석회암, 하단부는 돌이 많은 표토와 자갈층으로 구성되며, 토양은 1.5만~5만 년 전의 고대 석회암 지질을 포함한다. 동향의 언덕, 풍부한 일조량과 통풍 덕분에 포도 생육이 건강하게 이루어진다. 특히 끌로 드 뤼쇼뜨Clos des Ruchottes는 도멘 아르망 루쏘Armand Rousseau의 모노폴단독 소유 포도밭이며, 바위 사이를 뚫고 자라는 포도나무가 인상적이다. 남쪽 끝에는 일부 프리미에 크뤼와 빌라주 와인을 생산하는 벨에르Bel-Air 포도원이 위치해 있다.

와인 특성

산허리 끝자락에 위치한 포도밭 덕분에 포도는 다른 그랑 크뤼보다 늦게 익지만, 충분히 잘 익는다. 와인은 맑은 루비빛, 화려한 향, 그리고 세련되고 우아한 스타일로 표현된다. 긴 여운과 함께 미네랄감과 약간의 매콤함이 느껴지는 마무리가 인상적이다. 얕은 석회질 토양과 급경사 환경은 풍부한 탄닌과 강건한 구조를 만들어 내며, 선명한 산도는 피노 누아의 신선함을 더욱 강조한다.

좋은 빈티지의 경우 숙성 잠재력이 뛰어나며, 시간이 지날수록 섬세한 아로마와 깊이 있는 맛으로 발전한다. 샹베르탱 계열 중에서도 가격 대비 품질 면에서 높은 평가를 받으며, 특히 루쏘Rousseau, 루미에Roumier, 조르주 뮈네레-지부르Georges Mugneret-Gibourg의 와인이 뛰어난 대표작으로 손꼽힌다.

❸ 샹베르탱–끌로 드 베즈Chambertin-Clos-de-Bèze

샹베르탱–끌로 드 베즈는 614년 아말게르Amalgaire 공작이 설립한 베즈Bèze 수도원에 의해 조성되었다. 수도원은 주브레 영지에 포도밭을 만들고 돌담으로 둘러싸인 끌로Clos를 조성했으며, 이후 담은 사라졌지만 포도밭은 계속 유

▲ 그랑 크뤼 샹베르탱-끌로 드 베즈 포도밭

지되어 와인 생산이 이어졌다. 1217년 화재로 수도원이 파괴된 후, 랑그르 주교청Bishopric of Langres이 이 포도밭을 인수해 오늘날의 이름이 붙여졌고, 프랑스 대혁명 전까지 같은 주인의 손에 있었다.

1860년, 본Beaune의 한 위원회가 꼬뜨 도르 그랑 크뤼를 비공식적으로 등급화할 때, 샹베르탱-끌로 드 베즈와 샹베르탱을 1등급, 나머지를 2등급으로 분류했다. 비록 법적 효력은 없지만 두 곳의 탁월한 품질과 높은 시장가치를 보여주는 역사적 기록인 셈이다.

떼루아-산지

샹베르탱-끌로 드 베즈는 북쪽으로는 마지, 남쪽으로는 샹베르탱과 접해있다. 전형적인 부르고뉴 떼루아를 지닌 이곳은 배수가 잘되는 완만한 동향 경사면에 위치해 풍부한 일조량을 자랑한다. 포도밭 위쪽의 숲은 중요한 미세기후 조절 역할을 한다. 북서풍을 막아 우박과 서리 피해를 줄이고, 북쪽의 꽁브Combe는 찬 공기의 순환을 유도해 포도가 익는 시기를 늦추는 대신 균일한 생장을 돕는다. 또한 서쪽에서 몰려오는 습기와 비구름도 차단해 안정적인 재배

환경을 제공한다.

토양은 크게 두 가지 유형으로 나뉘며, 약 3분의 2는 밝은색의 프레모 석회토, 나머지는 점토 성분이 많은 흙으로 구성된다. 위쪽은 이회토가, 아래쪽은 갈색 석회토와 사질 성분이 혼합된 지형이며, 하부에는 바죠시안 석회암이 드러나는 층이 이어져 있다. 이 석회석은 노란빛을 띠며 크리노이드Crinoid, 해백합와 폴립형 화석 알갱이들을 포함한다.

와인 특성

샹베르탱-끌로 드 베즈 와인은 처음부터 섬세하고 복합적인 매력을 드러내며, 뮈지니Musigny에 비견될 만큼 세련된 품격을 지닌다. 힘과 우아함의 균형이 뛰어나며, 대부분의 생산자가 일관되게 높은 품질을 유지해 신뢰도 높은 그랑 크뤼로 평가된다.

샹베르탱과 비교하면, 샹베르탱-끌로 드 베즈 와인은 보다 부드럽고 향기롭고, 살짝 매콤한 뉘앙스가 느껴진다. 반면, 샹베르탱은 보다 직선적이며 강건한 구조감과 더 뚜렷한 탄닌 느낌을 보여주고, 색상은 다소 엷은 편이다.

❹ 샤뻴-샹베르탱 Chapelle-Chambertin

이 포도밭은 원래 12세기 중반 작은 예배당이 있던 종교 지역으로, '예배당 아래Sous la Chapelle'라는 이름에서 유래했다. 이후 '그랑드 샤뻴', '오뜨 샤뻴'로 불리다가 프랑스 대혁명 이후 예배당이 사라지고, 포도밭만 남으면서 현재의 이름으로 바뀌었다. 지리적으로 샹베르탱-끌로 드 베즈 동쪽에 위치하며, 그리오뜨-샹베르탱과도 경계를 이룬다. 2개의 주요 끌리마인 앙 라 샤뻴En la Chapelle과 레 제모Les Gemeaux로 구성되는데, 레 제모는 1935년 AOC 체계 조정 시 샤뻴-샹베르탱 그랑 크뤼에 통합되었다.

떼루아-산지

샤뻴-샹베르탱 포도밭은 동향의 완만한 경사지에 위치해 있으며, 점토와 자갈이 섞인 배수가 잘되는 토양으로 되어 있다. 표토는 얕은 편약 30센티미터이지만, 샹베르탱-끌로 드 베즈보다 상대적으로 더 비옥한 지점을 포함하고 있다. 포도밭 상부는 석회암과 이회토 기반, 하부는 꽁블랑시안 석회암, 그랑 크뤼 도로 인근은 점토질 지대로 구성되어 있다. 전반적으로 밝은색의 얕은 토양 위로 암반이 군데군데 노출되어 있는 모습이 특징이다.

와인 특성

샤뻴-샹베르탱 와인은 우아하고 관능적인 스타일로, 같은 동쪽 지역의 다른 그랑 크뤼처럼 여성적인 성향이 강하다. 그러나 샤름이나 마지보다는 조금 더 남성적인 뉘앙스를 지니고 있다. 좋은 빈티지의 와인은 들장미, 체리 부케, 그리고 복합적인 질감과 긴 여운이 특징이며, 무게감은 덜하지만 세련미와 균형감이 뛰어나다. 와인의 섬세함을 살리기 위해 새 오크통 사용을 최소화하여 자연스러운 향과 질감을 보전하려는 경향이 있다.

❺ 그리오뜨–샹베르땡 Griotte-Chambertin

명칭은 돌이나 자갈이 많은 땅을 뜻하는 고대 갈리아어 '크리오뜨Criotte'에서 유래되었으며, 이는 백묵질 석회석이 풍부한 토양을 반영한다. 1828년에는 '앙 그리오뜨En Griotte'로 기록되었고, 1936년 그랑 크뤼 등급으로 승격되었다. 주브레–샹베르땡 그랑 크뤼 중 가장 작은 끌리마로, 생산량은 적지만 품질 면에서는 주목할 가치가 있는 포도밭이다. 지리적으로는 샤뻴과 샤름 사이에 위치해 있다.

떼루아–산지

그리오뜨 포도밭은 부채꼴 모양을 이루며, 햇빛이 잘 드는 양지에 위치하여 상대적으로 일조량이 풍부하다. 토양은 매우 척박하고 얕으며, 일부 지역은 깊이가 30센티미터에 채 미치지 못한다. 샤름 방향의 토양은 저지대까지 검붉은색을 띠고, 샤뻴 방향으로 갈수록 점차 흰색에 가까워진다. 지반에는 단단한 바위가 박혀 있고, 밭 곳곳에는 작은 바위들이 돌출되어 있는 모습을 볼 수 있다. 이 지역의 토양은 배수가 탁월하며, 다양한 형태의 화석이 발견되는 바죠시안 기반암 위에 형성되어 있다. 이는 포도 재배에 이상적인 조건으로, 포도나무 뿌리가 깊이 내려가 하부 토양까지 뻗어 나가며 와인의 풍미에 미세한 영향을 미친다.

와인 특성

그리오뜨–샹베르땡 와인은 우아하고 여성적인 느낌이 강하다고 평가된다. 균형 잡힌 탄닌과 산도, 부드러운 질감이 특징이다. 젊은 와인에서도 이러한 특성이 나타나지만, 시간이 지나면서 더욱 부드러워지고 향미가 풍부해진다. 체리, 잼, 미네랄, 제비꽃 향이 여운을 남기며, 숙성 후에는 검은 과일, 커피, 감초 향기가 느껴지며, 버섯, 향신료, 숲속 이끼 향 같은 복합적인 3차 아로마가 섬세하게 펼쳐진다. 그리오뜨 와인은 이웃의 샹베르땡 와인보다는 샤름에 더 닮아있다. 샹베르탱이나 샹베르탱-끌로 드 베즈 와인보다 시음적기에 일찍 도달하며, 복합적이고 세련된 미감을 자랑한다.

❻ 샤름-샹베르탱 Charmes-Chambertin

샤름이라는 지명은 나무 그루터기를 뜻하는 프랑스 고어 쇼메chaumer 또는 chaumee에서 비롯되었다고 전해진다. 이는 작물을 심지 않고 놀리는 휴경지대라는 의미도 있다고 한다. 샤름-샹베르탱은 그리오뜨의 남쪽에 위치한다. 샤름과 마주아이에르-샹베르탱의 재배 지역은 사실상 거의 같아서, 둘 중 어느 하나로 부를 수 있도록 허용되는데, 대체로 샤름 이름이 더 많이 사용된다. 참고로, 두 포도밭을 합친 면적은 30.65헥타르에 달한다.

떼루아-산지

샤름은 서에서 동으로 이어지는 해발 260~285미터의 완만한 언덕에 위치하고 있다. 그랑 크뤼 도로의 동쪽 그리고 샹베르탱의 남쪽에서, 라뜨리시에르-샹베르탱과 프리미에 크뤼 오 꽁보뜨Aux Combottes의 아래 구역에 자리한다. 샤름의 포도밭 토질은 포도나무에 유리한 렌지나 토양으로 덮여있다. 돌덩이와 이회토, 철분이 나타나며 땅의 색깔은 붉은빛을 띤다. 토양의 깊이는 30~35센티미터 정도로 얕은 편이다. 심층토양은 석회암으로 단단하지만 갈라져 틈이 생길 수도 있기에 포도나무 뿌리가 뚫고 들어가 성장할 수 있다. 한편, 이 지역에는 수령이 오래된 포도나무들이 여전히 많이 남아있다.

와인 특성

샤름 와인은 대체로 매혹적인 와인으로 묘사된다. 숙성 초기의 샤름 와인은 푸른빛이 감도는 보라색을 띠며 색상이 매우 진하다. 와인 구조감이 우수하여 유연한 바디감과 함께 긴 여운이 느껴진다. 주브레 샹베르탱 와인의 전형적인 특징인 안정된 짜임새와 부드러운 질감, 세련미를 보여주며 그랑 크뤼 샹베르탱과 그 특징이 유사하다.

샤름은 주브레 그랑 크뤼 와인 중에서 시음적기에 가장 일찍 도달한다. 숙성될수록 제비꽃과 바닐라, 커피, 감초, 모과의 부케가 느껴진다. 와인 질감은 부드럽고 진하며, 짙은 향으로 애호가들을 매혹시킨다.

❼ 샹베르탱 Chambertin

샹베르탱 이름의 유래는 다음과 같다. 오래전 이 지역에서 고급 포도원을 일구어 낸 생산자의 이름을 따라서 '샹 드 베르탱 Champs de Bertin, 즉 베르탱의 들판'으로 부르기 시작하였고, 13세기부터는 그냥 '샹베르탱'으로 불리게 되었다. 18

세기에 이르러 샹베르탱은 장기 숙성 가능한 부르고뉴 최고의 와인으로 여겨졌으며, '와인의 왕'이라는 별칭을 갖게 된다.

떼루아-산지

샹베르탱 포도밭은 북으로는 샹베르탱-끌로 드 베즈와 경계를 이루고, 남으로는 라뜨리시에르, 동으로는 샤름과 이웃하고 있다. 언덕 위의 숲에서 시작하여 경사면 포도밭이 길쭉하게 직사각형 모양으로 펼쳐져 있다. 숲 아래 심층부 지반은 딱딱한 프레모 석회암, 동쪽에는 꽁블랑시안 석회암 지대이다. 포도밭 지형은 경사가 매우 가파른 편이며, 남쪽은 꽁브 그리자드 언덕에 가깝기 때문에 기후는 더 서늘한 편이다. 해발 270~280미터 정도의 포도밭은 동향을 바라보고 있어서 아침에도 햇빛이 잘 든다.

언덕 위쪽으로 갈수록 이회토가 많고, 하단부의 끝에는 쥐라기에 형성된 바죠시안 석회석이 많은데, 피노 누아에 적합한 자갈과 구멍이 많은 갈색의 규사토이다. 포도밭은 물을 잘 흡수할 수 있기에 이곳의 중심부는 최상의 떼루아로 여겨진다. 토양층이 얇은 위쪽에서 자란 포도로 우아한 와인을 생산하고, 보다 아래쪽에서 자란 포도로는 복합적인 느낌의 와인을 만든다.

와인 특성

샹베르탱 와인을 얘기할 때, "부르고뉴 와인 중 최고이며, 명품 와인의 모든 장점을 보유하고 있다"라고 말한다. 즉, 아름다운 색상과 부드러운 느낌, 바디감, 부케 그리고 세련미 등 거의 모든 요소를 찾을 수 있다는 것이다. 샹베르탱은 맛이 진하고 남성적인 느낌이 강한 와인으로 평가된다. 숙성되어 3~4년이 지나면 아로마와 향미가 복합적으로 진화한다. 뮈지니나 본 지역의 그랑 크뤼 와인처럼 섬세하고 까다로운 성격을 지닌 것은 아니지만, 풍부하고 깊은 맛을 간직한 와인으로 여겨진다.

▲ 그랑 크뤼 샹베르탱의 시작은 여기서부터

검은 과일과 체리, 커피, 초콜릿, 리코리스와 같은 아로마가 나타나며, 볼륨감이 풍부한 와인으로 묘사되기도 한다. 좋은 빈티지일 경우 100% 새 오크통에서 숙성되는 와인이 생산되기도 한다. 제대로 완숙된 샹베르탱 와인을 마시려면 최소 8년 정도는 기다려야 한다. 우수한 빈티지의 와인은 20~30년이 지나도 훌륭한 맛을 유지한다.

⑧ 마주아이에르-샹베르탱 Mazoyères-Chambertin

마주아이에르-샹베르탱은 라뜨리시에르-샹베르탱보다 언덕 아래에 위치하고, 샤름-샹베르탱의 남쪽에 붙어있다. 19세기의 지도에 표시된 이 구역의 명칭은 하나가 아니었다. 즉, 마주아이에르 또는 샤름, 2개의 이름이 혼용되었다. 1936년부터 여기서 생산된 와인의 명칭을 시장 경쟁력이 더 높은 이름인 샤름으로 부를 수 있도록 허용되었다.

떼루아-산지

마주아이에르 토양에는 자갈이 많이 섞여있으며, 깊이는 30~35센티미터이

고 군데군데 바위가 솟아나 있다. 서쪽 언덕에 위치한 숲이 이 구역을 보호하며, 포도나무에 유리한 미세기후를 조성한다. 대체로 마주아이에르 와인은 샤름 와인보다 좀 더 직선적이며 소박하다는 평가를 받는다.

경사면의 끝부분으로 내려갈수록 토양의 깊이는 깊어지지만 결코 비옥한 토질은 아니다. 이곳은 점토와 백악토가 섞여있어서 피노 누아에 적합한 토양이다. 언덕 위쪽으로 올라갈수록 구조감이 뛰어나며 더 세련된 와인이 나올 수 있다. D974번 국도에 가까운, 상대적으로 낮은 지대의 포도밭 구역에서는 원만하고 풍부한 느낌의 와인이 나온다.

와인 특성

마주아이에르 와인의 품질은 그랑 크뤼급 와인으로 부족함이 없다. 고상한 느낌과 벨벳 같은 질감에 복합적인 아로마를 지니고 있다. 숙성될수록 맛이 더 좋아지며, 시간이 흘러 부드러워지면 원만하고 우아한 풍미가 느껴지는 와인이다. 맛이 진하며 여운도 매우 길다. 우수한 빈티지는 맛이 대단히 훌륭하여 오래 숙성되지 않아도 그것이 지닌 과일 향과 세련미를 함께 느낄 수 있다.

❾ 라뜨리시에르–샹베르탱 Latricieres-Chambertin

라뜨리시에르는 라틴어 '데 트리키아이 de Triciae' 또는 프랑스어 '뜨리시에르 tricière'에서 파생된 이름이다. 두 단어 모두 볼품없고 빈곤하다는 뜻인데, 바위가 많은 이 지역의 척박한 토양 여건과 관련이 있다. 중세 시대에 이곳은 작은 마법의 땅으로 불리었는데, 척박한 환경에도 불구하고 맛이 좋은 와인을 생산했기 때문이다.

떼루아–산지

라뜨리시에르–샹베르탱은 주브레–샹베르탱 최남단에 위치한 그랑 크뤼로, 북쪽으로는 샹베르탱으로 연결되며, 남쪽으로는 프리미에 크뤼 '오 꽁보뜨'를 지나 모레–쌩–드니와 맞닿아 있다. 포도밭은 비교적 평탄하여 점차 완만한 경사를 이루는 지형이다. 라뜨리시에르에는 꽁브 그리자드에서 흘러내린 충적토가 자리 잡고 있으며, 석회질 자갈이 풍부하게 섞여있다. 하부의 기반암은 샹베르탱과 동일한 프레모 석회석으로 구성되어 있어, 그랑 크뤼 특유의 구조감과 깊이를 형성한다.

토양은 매우 척박하여 포도밭 위쪽은 딱딱한 석회 기반으로, 아래쪽은 샤뻴–샹베르탱과 유사하게 암석이 노출되어 있으며, 배수성과 토양 깊이에 따라 미묘한 차이를 보인다. 미세기후는 비교적 온화하나, 언덕 위 숲에서 불어오는 서늘한 기류로 인해 때때로 기온이 낮아지며, 이러한 환경이 라뜨리시에르만의 섬세하고 절제된 와인 스타일을 만들어 낸다.

와인 특성

라뜨리시에르 와인은 샹베르탱의 생동감과 우아함을 간직하면서도, 보다 절제되고 섬세한 매력이 특징이다. 균형 잡힌 산도와 부드러운 탄닌, 그리고 시간이 흐를수록 드러나는 실크 같은 질감과 복합적인 부케가 인상적이다. 샹베

르탱이나 샹베르탱-끌로 드 베즈보다 부드럽고, 접근하기 쉬운 편이다. 숙성 잠재력도 뛰어나서 훌륭한 빈티지 와인의 경우, 강렬한 꽃향기를 중심으로 다채로운 풍미를 보여준다. 섬세한 풍미를 살려주는 정찬의 페어링에 적합하며 특히, 브레스Bresse산 닭고기 요리와 잘 어울린다.

주브레-샹베르탱 마을의 주요 생산자

도멘 르네 부비에 Domaine René Bouvier

도멘 르네 부비에는 1910년 앙리Henri 부비에가 설립한 와이너리로, 현재는 그의 손자 베르나르Bernard가 운영을 맡고 있다. 마르사네에서 출발했지만, 주브레-샹베르탱으로 생산 거점을 옮겼으며, 30헥타르 규모의 포도밭을 소유하는데, 에셰조Échezeaux와 샤름-샹베르탱도 포함되어 있다. 도멘은 유기농법을 철저히 실천하며, 수확된 포도는 20kg 상자에 담아 산화와 손상을 최소화한다. 라 쥐스띠스La Justice 근처에 위치한 양조장에서는 선별 과정을 거쳐 건강한 포도만으로 발효를 진행한다. 르네 부비에의 와인은 주브레-샹베르탱 특유의 야성미와 우아함을 균형 있게 표현한다. 대표적인 뀌베cuvée인 레 쥔 루아Les Jeunes Rois는 선명한 탄닌과 청량한 느낌, 드라이한 피니시가 인상적이며, 전형적인 주브레-샹베르탱 스타일을 잘 보여주는 와인이다.

도멘 필립 샤를로팽 Domaine Philippe Charlopin

필립 샤를로팽은 1977년, 단 1.5헥타르의 포도밭에서 시작해 오늘날 25헥타르 규모로 성장시킨, 현재 주브레 마을에서 가장 주목받는 도멘 중 하나로 평가받고 있다. 그는 직접 소유한 포도밭뿐만 아니라 주요 네고시앙과의 협업을 통해 그랑 크뤼부터 프리미에 크뤼, 빌라주급 와인까지 폭넓은 스타일의 와인을 선보이고 있다.

샤를로팽의 와인은 풍성한 과일 향과 생동감 있는 아로마, 그리고 균형 잡힌 탄닌이 어우러져 활기찬 인상을 남긴다. 구조감이 탄탄하면서도 깊은 맛을 지니고 있어, 샹베르탱 스타일의 전형성을 잘 보여주는 와인으로 손꼽힌다.

메종 루 뒤몽 Maison Lou Dumont

메종 루 뒤몽은 일본인 양조학자 코지 나카다Koji Nakada와 그의 한국인 아내 박재화 씨가 2000년에 설립한 네고시앙 기반 도멘이다. 본에서 와인 양조를 공부한 나카다 씨는 2003년, 주브레에 양조 설비와 셀러를 마련하며 와인 생산을 시작했다. 포도는 신뢰할 수 있는 재배 농가에서 사입하거나, 자체 보유한 소규모 밭에서 직접 수확하며, 레지오날에서 그랑 크뤼까지 약 20여 종의 와인을 생산한다. 연간 생산량은 약 5만 병 규모이다.

루 뒤몽의 와인은 진하고 향미가 풍부한 스타일로, 길게 이어지는 여운이 특징이다. 특히 샹볼-뮈지니, 에셰조, 샤름-샹베르탱은 품질이 뛰어난 대표 와인으로 꼽히며, 알리고떼 품종으로도 우수한 화이트 와인을 선보이고 있다. 그리고 꼬르통-샤를마뉴는 신선한 과일 향과 긴 피니시를 자랑하며, 메종의 포트폴리오에서 중요한 위치를 차지한다. 역사는 길지 않지만, 고품질 와인을 생산하며 부르고뉴에서 가능성을 인정받는 신흥 강자로 자리매김하고 있다.

도멘 뒤로셰 Domaine Duroché

도멘 뒤로셰는 5대째 가족 경영을 이어온 주브레-샹베르탱의 전통 있는 생산자이다. 피에르Pierre 뒤로셰가 2014년부터 도멘을 이끌고 있다. 총 8.5헥타르의 포도밭에서 15개 AOC의 와인을 생산하며, 대부분의 밭은 주브레-샹베르탱과 인접한 브로숑 마을에 위치해 있다. 뒤로셰의 와인은 발랄하면서도 생기 있는 향미가 특징이다. 일부 뀌베는 병입 시기를 앞당겨 신선도와 투명한 과실 향을 더욱 강조하는 스타일을 보여준다. 특히 그리오뜨-샹베르탱과 끌로 드 베즈의 오래된 포도나무에서 생산된 와인은 도멘의 대표 와인이다.

도멘 아르망–죠프루 Domaine Harmand-Geoffroy

19세기 말에 설립된 이 도멘은 마을 중심부에 위치하며, 제라르Gérard 아르망에 이어 현재는 그의 아들 필립이 운영하고 있다. 총 9헥타르의 포도밭은 모두 레드 와인용으로, 유기농 방식으로 제초제, 살충제, 화학 비료 없이 재배된다. 대부분의 포도나무는 50~80년 수령의 고목들로 구성되어, 향미가 깊고 밀도 높은 포도가 수확된다.

와인은 싱그러운 과일 향과 선명한 구조감이 특징이다. 빌라주 와인은 여러 포도밭 구획의 포도를 혼합해 양조되며, 도멘의 최고급 와인은 마지 그랑 크뤼로, 짙은 과일 향, 은은한 스파이스, 매끄러운 질감이 인상적이다. 마을 서쪽 350미터 언덕에 위치한 단독 소유 포도밭 프리미에 크뤼 라 보시에르La Bossière 와인은 발랄한 향미와 생동감이 특징이다.

도멘 앙리 마니엥 Domaine Henri Magnien

마니엥 가문은 1850년부터 포도 재배를 시작했다. 2012년부터 3대째인 샤를 마니엥Charles Magnien이 경영을 맡고 있으며, 전통적인 가치에 현대적인 감각과 실험정신을 더해 도멘을 이끌고 있다. 대표적인 변화로는 포도나무의 수고를 평균보다 더 높게1.32미터 키워, 포도 잎의 광합성 효율을 높이고, 열매에 더 복합적인 향미를 담고자 하는 시도를 들 수 있다. 유기농 농법도 적극적으로 도입할 뿐만 아니라, 현재 6헥타르의 포도원을 보유하고 있으며 계속 확장시킬 예정이다. 도멘의 와인은 향기가 풍부하고 시각적으로도 매력적이며, 균형 잡힌 구조와 절제된 스타일이 특징이다.

4.
모레-쌩-드니 Morey-Saint-Denis

모레-쌩-드니

모레-쌩-드니 마을은 북쪽으로는 주브레-샹베르탱, 남쪽으로는 샹볼-뮈지니와 본 로마네 같은 유명 마을들과 인접해 있다. 비록 전체 면적은 135헥타르 정도로 코뜨 도르에서 가장 작은 빌라주 중 하나이지만, 이미 12세기에 유명세를 얻었을 만큼 오랜 역사와 품질을 자랑한다. 마을 포도밭은 해발 300~350미터 정도 되는 언덕에 위치하며, 20개의 프리미에 크뤼와 품질 좋은 빌라주 등급 포도밭들이 함께 모여 있다. 몽 뤼장Monts Luisants, 라 뷔씨에르La Bussière, 끌로 소르베Clos Sorbé, 레 소르베Les Sorbès, 오 샤름Aux Charmes 등이 유명하다. 포도밭 명칭에는 '끌로Clos'라는 단어가 자주 등장하며, 끌로 쌩-쟝, 끌로 쌩-자끄, 끌로 쌩-조르주, 끌로 쌩-로맹과 같이 종교적 색채가 드러나는 경우도 많다.

모레-쌩-드니는 작지만 강인하고 균형 잡힌 와인을 생산한다. 레드 와인이 주를 이루지만, 샤르도네와 알리고떼를 이용한 화이트 와인도 소량 생산된다. 와인 스타일은 우아하면서도 집중도가 높다. 마을의 빌라주 와인 중에는 일부 그랑 크뤼에 필적하는 품질을 보여주는 것도 많다. 가성비와 함께 진정한 부르고뉴의 매력을 느끼고 싶은 이들에게 좋은 선택지가 될 수 있다.

떼루아-산지

모레-쌩-드니의 포도밭 지반은 모두 쥐라기 중기에 형성되었는데, 언덕 윗부분은 바토니안 석회암과 바죠시안 암반으로 이루어져 있어 다양한 미네랄 특성을 포도에 부여한다. 경사면 아랫부분에서는 칼로비안 시대의 이회암이 발견된다. 대체로 햇살이 잘 드는 낮은 언덕을 중심으로 포도밭이 펼쳐져 있으며, 토양은 이회토 위에 진흙 섞인 사암과 자갈이 덮여있어, 피노 누아 품종을 재배하기에 이상적인 떼루아를 갖추고 있다. 벨벳처럼 부드럽고 우아한 스타일의 장기 숙성형 레드 와인을 만들어 낸다. 돌이 많은 고지대에서는 샤르도네 품종을 소량 재배한다.

와인 특성

모레-쌩-드니 와인은 대체로 부드럽고 균형 잡힌 맛이 특징이다. 색은 짙은 편이며, 야생 버찌, 체리, 카시스와 같은 검붉은 열매의 향이 깊게 퍼진다. 이웃한 샹볼-뮈지니의 감미롭고 섬세한 매력을 지니면서도, 주브레-샹베르탱의 힘 있고 견고한 구조감을 조화롭게 담고 있다. 그랑 크뤼 등급 와인은 한층 더 섬세하고 복합적인 향을 지닌다. 오크와 향신료, 동물적 뉘앙스가 어우러져 풍성한 부케를 형성하며, 커피나 초콜릿 같은 호기심을 자아내는 아로마도 느껴진다. 가격 대비 품질이 탁월해, 부르고뉴 와인 가운데 최고의 가치를 지닌 와인으로 평가받고 있다.

모레-쌩-드니 마을의 4개 그랑 크뤼

꼬뜨 드 뉘의 24개 그랑 크뤼 중 네 곳이 모레-쌩-드니 마을에 자리하고 있다. 그랑 크뤼 '본 마르' 일부 구역이 모레-쌩-드니 마을까지 걸쳐있으나, 대부분이 샹볼-뮈지니 마을에 위치하므로, 모레-쌩-드니에서는 카운트하지 않는다. 그랑 크뤼 포도밭들은 모두 동향으로 햇빛을 잘 받을 수 있는 우수한 입지 조건을 갖추고 있으며, 대부분 언덕 중간 지점에서 마을과 가깝게 이어져 있다. 마을 북쪽에는 모레의 대표적 스타일을 보여주는 2개의 주요 그랑 크뤼가 있는데, 그중에서 끌로 드 라 로슈는 면적이 약 17헥타르로 넓고 인지도 또한 가장 높다. 반면, 끌로 쌩-드니는 로슈의 약 3분의 1 정도로 작지만 품질은 매우 우수하다.

끌로 데 랑브레와 끌로 드 따르는 면적은 비슷하지만 형태는 전혀 다르다. 끌로 드 따르는 직사각형 형태를 띠고 있고, 뛰어난 품질의 와인을 생산하기는 하지만, 보통 끌로 드 라 로슈와 끌로 쌩-드니에 비해 다소 낮은 평가를 받는다.

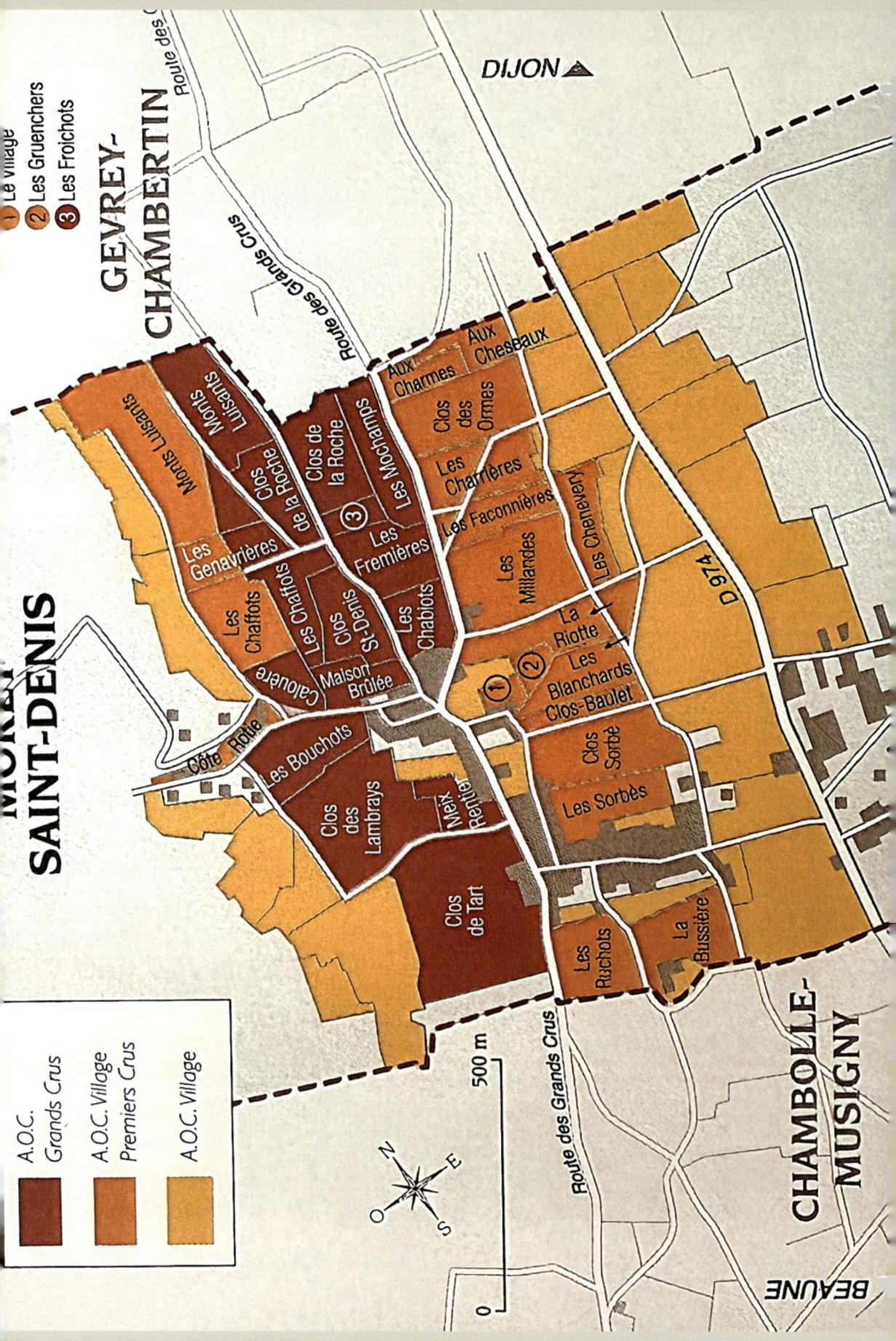

❶ 끌로 드 라 로슈 Clos de la Roche

이 와인의 명칭은 지형적 특성에서 유래한다. 과거 켈트인들이 종교 의식을 치르던 큰 바위가 자리한 곳이었기에, '바위가 있는 포도밭'이라는 의미로 끌로 드 라 로슈라 불리게 되었다. 모레 마을의 그랑 크뤼 중 가장 넓은 포도밭으로, 석회질이 풍부한 토양 덕분에 강한 구조감과 깊이 있는 맛, 그리고 뛰어난 숙성 잠재력을 지닌 와인이 생산된다.

1855년에 프리미에 크뤼 등급으로 분류되었다가, 1936년 그랑 크뤼로 승격되었다. 이후 레 프레미에르Les Fremières, 레 프루아쇼Les Froichots, 레 모샹Les Mochamps, 레 샤비오Les Chabiots, 몽–뤼장–바Monts-Luisants-Bas 등 인근 포도밭 구역이 포함되었다. 1971년에는 국립원산지호칭연구소INAO가 즈나브리에르Genavrières와 샤포Chaffots 구역도 추가로 지정하면서 오늘날의 형태를 갖추게 된다.

떼루아-산지

끌로 드 라 로슈는 라뜨리시에르-샹베르탱과 꽁보뜨 옆에 위치하며, 동쪽을 향하고 있어 충분한 일조량을 확보할 수 있다. 포도밭은 해발 270~300미터의 완만한 비탈면에 자리 잡고 있어, 포도가 이상적인 조건에서 천천히 익을 수 있다. 토양은 짙은 갈색의 석회석과 자갈이 풍부하게 섞여있어, 와인에 세련되고 복합적인 풍미를 더한다. 일부 구역은 표층토가 30센티미터도 안 되는 얕은 깊이를 가지고 있으며, 그 바로 아래에는 쥐라기 중기의 단단한 석회암 암반층이 존재한다. 이처럼 어려운 환경 속에서 포도나무는 살아남기 위해 깊이 뿌리를 내리며 성장한다. 이로 인해 포도에는 미네랄이 풍부하게 축적되고, 피노 누아 와인의 특성이 고스란히 반영된다.

와인 특성

모레-쌩-드니의 대표적인 그랑 크뤼 끌로 드 라 로슈에서 생산되는 와인은 모레 마을 특유의 흙 내음을 지니며, 전반적으로 고급스럽고 깊은 인상을 남긴다. 풍성하고 힘 있는 풀바디 스타일로, 남성적인 성향의 라뜨리시에르-샹베르탱 와인과 유사한 면모를 보인다. 이는 이 구역에 풍부한 이회토의 영향으로 해석된다.

향은 복합적이고 다층적이다. 야생 버찌와 라즈베리, 크랜베리, 블랙커런트 등 검붉은 과일의 향이 기본을 이루며, 여기에 볶은 커피 향이 어우러진다. 시간이 지나 숙성되면 송로버섯, 캐러멜, 젖은 나무 같은 야생적이고 흙 내음 가득한 향까지 펼쳐지며, 긴 여운을 남긴다. 어린 와인은 다소 직선적이고 날카로운 인상을 줄 수 있지만, 장기 숙성을 거치면 우아하고 조화로운 질감으로 발전하여 미네랄 뉘앙스를 보여주는 와인으로 변모한다. 다양한 요리와도 잘 어울리는데, 특히 치킨 요리, 시토 수도원의 치즈, 또는 샤롤레종 스테이크와 탁월한 페어링을 보여준다.

 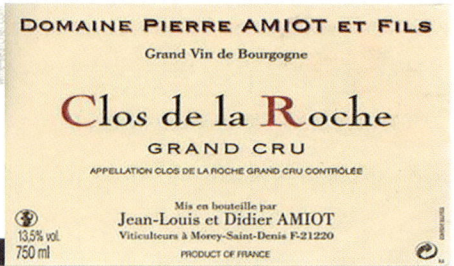

❷ 끌로 쌩-드니 Clos Saint-Denis

끌로 쌩-드니는 모레 마을 서쪽에 자리 잡고 있으며, 이 마을의 4개 그랑 크뤼 가운데 면적이 가장 작다. 이 구역 포도 재배는 고대 로마 시대부터 시작되었고, 프로부스 황제가 갈리아 지방에 포도 재배를 허용하면서 포도밭이 조성되기 시작했다. 1203년에 베르지Vergy 성채가 축성되었고, 당시 이미 '끌로 쌩-드니'라는 이름의 포도밭이 존재했다.

원산지 통제 명칭AOC 제도가 시작되면서 이 구역의 지형적 특성이 인근의 깔루에르Calouère, 메종 브륄레Maison Brulée 그리고 샤포 일부 구역과 유사하다는 이유로 이들을 하나의 구역으로 통합하여, 1936년에 그랑 크뤼로 지정하였다. 이 구역은 '그랑 크뤼 도로'를 경계로 끌로 드 라 로슈의 일부인 레 샤비오와 구분된다.

떼루아-산지

끌로 쌩-드니 포도밭은 해발 270~310미터 정도의 완만한 경사면에 위치한다. 토양은 중기 쥐라기 시대의 모암을 기반으로, 갈색빛의 백악질 토양이 주요 구성 요소이다. 토양에는 산화된 철분이 풍부하게 포함되어 있고, 샹베르탱 저지대에 필적할 만큼 인 성분도 많이 함유되어 있다. 자갈과 점토가 적절히 섞여있어 배수 성능이 뛰어나고, 와인에 유연하고 부드러운 질감을 부여한다. 이 구역의 미세기후에 중요한 영향을 미치는 요소 중 하나는, 모레 마을 위로 동서 방향으로 펼쳐진 숲인 '꽁브 드 모레Combe de Morey'이다. 이 숲은 햇빛과 바람의 흐름에 변화를 주며, 특히 남쪽에 위치한 포도밭에서는 북쪽보다 포도가 더 빠르게 익는 경향이 있다.

와인 특성

끌로 쌩-드니 와인은 끌로 드 라 로슈보다 구조감은 다소 약하지만, 그만큼 더 우아하고 섬세한 성향을 보여준다. 붉은 과일과 들장미, 구운 아몬드 및 후추 향이 어우러져 강렬하면서도 세련된 부케가 오래 지속된다.

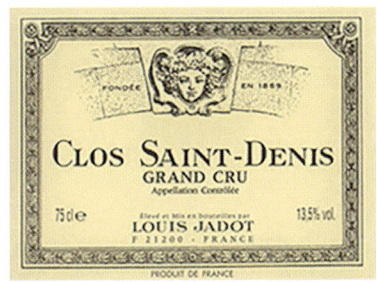

모레 지역의 그랑 크뤼 와인들이 가진 세련된 스타일을 바탕으로, 섬세한 뉘앙스를 동시에 지니고 있다. 색상은 밝고 선명한 붉은색이며, 풍부한 힘과 깊이를 가지면서도 전체적으로 조화롭고 균형 잡힌 인상을 남긴다.

❸ 끌로 데 랑브레 Clos des Lambrays

끌로 데 랑브레는 1365년 당시 랑브레 가문이 이 땅을 시토 수도원에 기부하면서 포도밭의 역사가 시작되었다. 원래는 레 라레Les Larrets와 레 부쇼Les Bouchots라는 두 구역으로 나뉘어 있었으나, 1868년에 알베르 로디에Albert Rodier가 이 둘을 하나의 포도밭으로 통합하며 현재의 끌로 데 랑브레가 탄생했다.

초기에는 그랑 크뤼 등급이 아니었지만, 1979년 알제리 출신의 뤼시앙과 파비앙 형제가 이 포도밭을 인수한 뒤, 1981년에 정식으로 그랑 크뤼로 승격되

었다. 지금은 세계적인 명품 그룹 루이비통-모에헤네시LVMH 산하의 도멘 데 랑브레가 포도밭 대부분을 소유하고 있으며, 뛰어난 품질과 개성을 지닌 와인을 생산하고 있다.

떼루아-산지

끌로 데 랑브레는 남쪽으로 끌로 드 따르, 북쪽으로는 끌로 쌩-드니 사이에 자리하고 있으며, 해발 250~320미터의 동향 경사면을 따라 남북으로 길게 펼쳐진 언덕 지형에 위치한다. 특히 북서쪽 레 부쇼 구역은 언덕 위 꽁브 숲의 영향을 받아 공기가 더 차갑고 선선한 미세기후가 형성되어 포도 생육에 독특한 조건을 제공한다.

이곳은 바죠시안 시대의 석회암이 기반을 이루며, 포도밭 곳곳에 바위가 돌출되어 있는 독특한 풍경을 볼 수 있다. 포도밭의 위쪽은 이회토가 풍부하고 배수성이 좋아 와인에 우아한 특성을 부여하며, 가장 아래쪽의 점토와 백악질 혼합 토양은 탄탄한 구조감을 더해준다. 그 사이 중간 지대는 일조량이 풍부해 복합적이면서도 균형 잡힌 스타일의 와인을 생산한다.

와인 특성

끌로 데 랑브레는 피노 누아의 본질적인 매력을 잘 보여주는 와인으로, 진한 맛과 함께 복합적이고 매혹적인 향미를 간직하고 있다. 젊을 때는 다소 강건한 인상을 줄 수 있으나, 뛰어난 균형감과 조화로움 덕분에 장기 숙성에 매우 적합한 와인이다.

버섯과 부엽토, 관목 숲의 향, 향신료와 검은 과일의 뉘앙스가 어우러져 깊이 있는 아로마를 형성하며, 숙성될수록 부드러운 질감과 우아한 분위기가 두드러진다. 모레 마을 특유의 약간 매콤한 뒷맛으로 감각적인 여운을 남긴다. 고급 요리와의 궁합도 탁월하여, 토끼 고기 요리나 등심 스테이크, 브레스 토종닭구이 등과 잘 어울린다.

❹ 끌로 드 따르 Clos de Tart

끌로 드 따르는 오랜 역사를 간직한 포도밭으로, 끌로 드 베즈와 같은 시기에 베네딕토 수도사들에 의해 처음 개간되었다. 이후 1125년에는 시토 수도원이 설립한 노트르담 드 따르 수녀원의 수녀들이 이곳에서 포도를 재배하였고, 1184년경부터 '끌로 드 따르'라는 이름이 사용되기 시작했다. 이러한 역사와 전통을 바탕으로, 1939년에 그랑 크뤼 등급으로 지정되었다.

떼루아─산지

끌로 드 따르는 해발 270~300미터의 완만한 동향 언덕에 자리하며, 돌담으로 둘러싸인 전형적인 '끌로' 형태를 지니고 있다. 쥐라기 중기에 형성된 바죠시안 석회암 기반 위에 이회토와 석회석이 섞인 토양이며, 표면은 굵은 자갈로 덮여 배수가 뛰어나다. 본 마르에서 이어지는 백악질 광맥이 이곳을 지나가며 독특한 미네랄 풍미를 부여한다. 이회토는 수분과 영양분을 잘 머금어 포도 생육에 이상적인 환경을 제공한다.

와인 특성

끌로 드 따르 와인은 부드러운 질감과 긴 여운을 가진 우아한 스타일의 와인이다. 강직함과 섬세함이 공존하며, 제비꽃과 들장미의 플로럴 아로마와 체리 같은 붉은 과일 향이 어우러진다. 송로버섯과 향신료의 복합적인 풍미도 느껴지며, 뛰어난 숙성 잠재력을 갖춘 부르고뉴 대표 그랑 크뤼 중 하나이다.

본 마르 Bonnes Mares

그랑 크뤼 본 마르는 끌로 드 따르 바로 남쪽에 위치하는데, 1.5헥타르는 모레-쌩 드니 마을에, 나머지 13.5헥타르는 샹볼-뮈지니 마을에 속한다. 소속된 마을에 따라서, 미묘하게 다른 성격을 보여준다. 북쪽 모레 구역의 와인은 다소 묵직하고 견고한 스타일이며, 남쪽 뮈지니 구역은 우아하고 세련된 귀족적인 느낌의 와인을 생산한다. 두 곳 모두 각각의 개성으로 부르고뉴 최고 품질의 와인을 표현한다. 본 마르 이야기는 샹볼 뮈지니 마을에서 상세히 다루기로 한다.

모레-쌩-드니 마을의 주요 생산자

이 마을의 대표적인 생산자로는 도멘 뽕소Ponsot, 도멘 뒤작Dujac, 도멘 리니에Lignier, 도멘 그로피에Groffier 등이 있다. 특히 도멘 뽕소의 화이트 와인 프리미에 크뤼 끌로 데 몽 뤼장Clos des Monts Luisants은 알리고떼 품종 100%로 만들어지며, 암석이 많은 토양에서 재배하여 깊고 풍부한 향과 맛으로 유명하다. 쟝-마리 푸리에Jean-Marie Fourrier는 '끌로 솔롱Clos Solon' 포도밭에서 뛰어난 빌라주 와인을 생산하고 있다.

도멘 뒤작 Domaine Dujac

도멘 뒤작은 1968년에 자끄 세이스Jacques Seysses에 의해 설립되었고, 부르고뉴의 고급 와인 시장에서 신흥 강자로 자리매김하고 있다. 이 도멘은 자끄 세이스와 그의 부인, 그리고 두 아들이 모두 와인 생산에 참여하고 있다. 레드 와인은 자끄 세이스가 책임지고 있으며, 화이트 와인은 그의 아들 제레미Jeremy가 주도하고 있다.

2014년에는 쀨리니-몽라셰의 프리미에 크뤼 구역인 '레 폴라티에르Les Folatières'와 '레 꽁베뜨Les Combettes' 포도밭을 임대하여 화이트 와인 생산을 확장했다. 도멘 뒤작의 대표 와인은 '끌로 드 라 로슈Clos de la Roche 그랑 크뤼'이다. 약 2헥타르 포도밭이며, 매콤한 향미가 은은하게 퍼지고, 부드러운 질감과 뛰어난 균형미, 그리고 긴 여운을 보여준다.

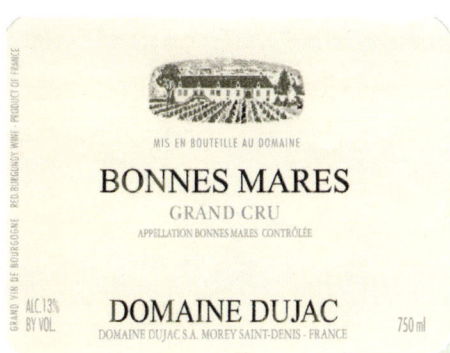

▲ 도멘 뒤작

▲ 도멘 데 랑브레

▲ 도멘 뒤 끌로 드 따르

도멘 데 랑브레 Domaine des Lambrays

도멘 데 랑브레는 2014년 LVMH 그룹에 약 1억 유로의 금액으로 인수되었다. 도멘은 모레-쌩 드니 마을에서 프리미에 크뤼와 빌라주 등급의 포도원을 보유하고 있으며, 쀨리니-몽라셰에서는 프리미에 크뤼 레 까이예레Le Cailleret 와 레 폴라티에르 구역에서도 포도를 재배한다.

도멘의 대표 와인 '끌로 데 랑브레'는 우아함과 섬세함으로 유명하다. 양조 과정에서 대부분의 포도송이를 통째로 넣는 방식으로 발효를 진행하며, 절반 정도 비율로 새 오크통을 사용하여 복합성과 깊이를 추구한다.

도멘 뒤 끌로 드 따르 Domaine du Clos de Tart

도멘 뒤 끌로 드 따르는 12세기에 노트르담 드 따르 수녀회에 의해 설립된 유서 깊은 포도원으로, 역사와 전통을 자랑한다. 1791년에 마레Marey 가문으로 소유권이 넘어갔고, 이후 마레-몽즈Marey-Monge를 거쳐, 1932년부터 몽메쌩Mommesin 가문이 관리해 왔다.

2017년, 프랑수아 피노François Pinault와 그의 가족이 운영하는 지주회사 아르테미스Artemis가 약 2.5억 유로를 들여 인수하면서, 현재는 케링Kering 그룹 산하에 있다. 아르테미스는 보르도의 샤또 라뚜르Ch. Latour를 비롯해 세계 곳곳에 고급 와이너리를 소유하고 있다.

도멘의 대표 와인 '끌로 드 따르 그랑 크뤼'는, 풍부한 스타일에 깊은 맛과 구조감이 특징이다. 끌로 드 따르는 꼬뜨 도르 지역에서 단일 소유주가 소유하는 다섯 그랑 크뤼 중 하나로, 나머지 네 곳은 본 로마네 마을에 위치한 로마네-꽁티, 라 따슈, 라 그랑드 뤼, 라 로마네 등이다.

5.
샹볼-뮈지니 *Chambolle-Musigny*

샹볼-
뮈지니

샹볼은 꼬뜨 드 뉘에서 포도 재배가 가장 이른 시기에 시작된 마을 중 하나다. 이곳에서 생산되는 와인은 우아함과 섬세함의 상징으로, 마시면 기분이 맑아지고 행복감에 젖게 된다. 종종 '여성스러운 와인'으로 묘사되며, 깊고 육감적인 향과 긴 숙성 잠재력을 지녀, 꼬뜨 도르 최고 수준으로 평가받는다. 샹볼은 모레-쌩-드니와 부조 사이에 위치하며, 총재배면적은 약 180헥타르다. 석회암과 자갈이 섞인 토양은 피노 누아 재배에 이상적이다. 마을에는 2개의 그랑 크뤼, 24개의 프리미에 크뤼, 20여 개 이상의 빌라주 포도밭이 있다.

샹볼 와인은 피노 누아 특유의 섬세함과 부드러움을 고스란히 담고 있다. 힘은 있지만 과하지 않고, 생동감은 있지만 무겁지 않다. 전체적으로 조화롭고 균형 잡힌 인상을 준다. 특유의 섬세함은 석회질 비율이 높은 토양, 그리고 드물지만 일부 생산자가 시도하는 피노 블랑과의 블렌딩에서 비롯된다. 부르고뉴에서는 일반적으로 블렌딩을 하지 않지만, 원산지 명칭 규정상 이는 여전히 허용되고 있다.

그랑 크뤼 뮈지니는 그랑 크뤼 샹베르탱의 힘과 집중력에는 다소 부족할 수 있으나 균형감과 우아함을 지닌다. "샹베르탱이 왕이라면, 뮈지니는 여

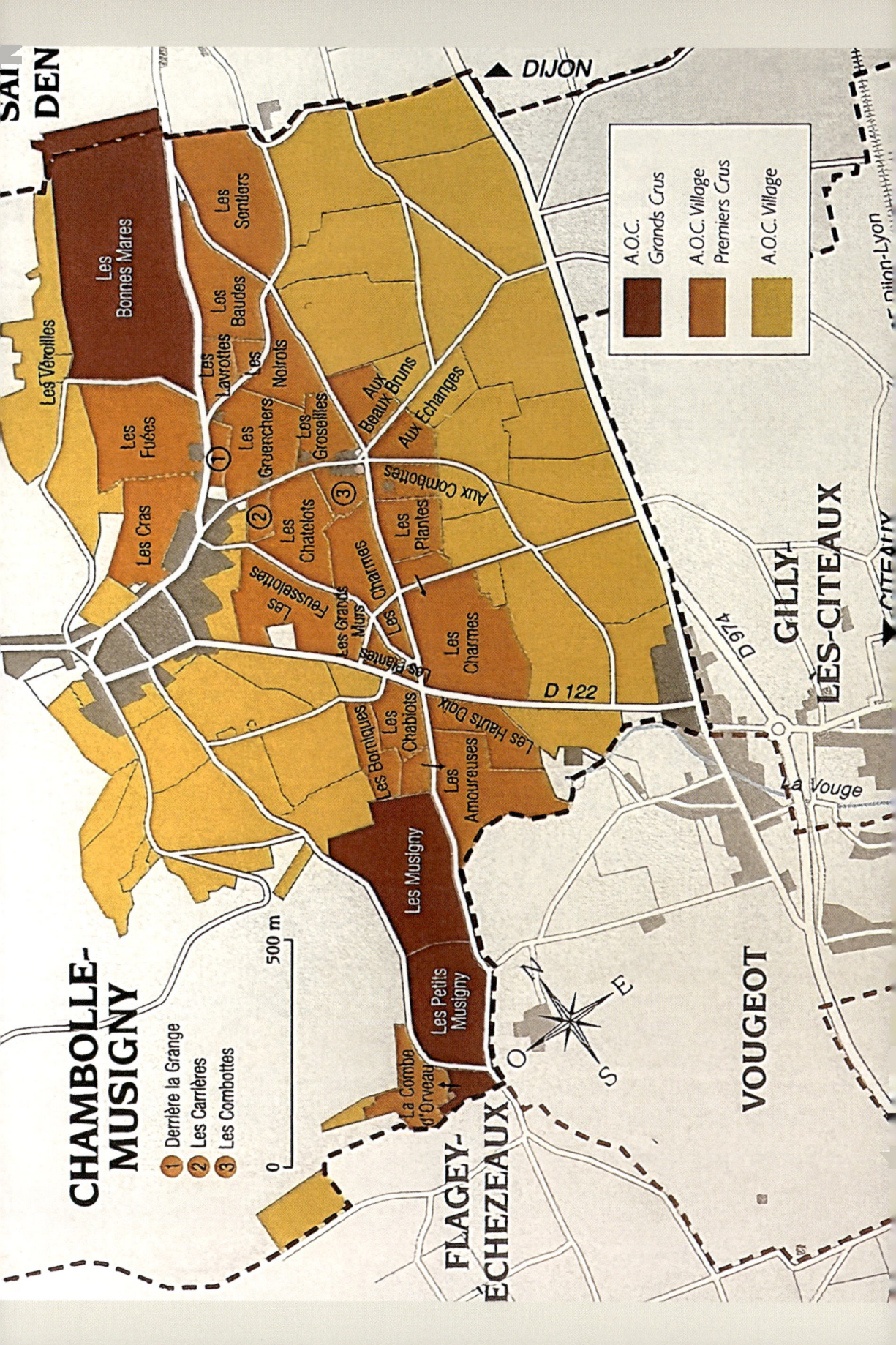

왕"이라는 비유가 이를 설명한다. 복합적이면서도 미묘한 향기, 풍부한 과일 풍미 덕분에 오랜 세월 동안 애호가들의 찬사를 받아왔다. 레 자무르즈Les Amoureuses는 뮈지니 아래 경사면에 위치한 프리미에 크뤼 포도밭으로, 그랑 크뤼에 필적하는 뛰어난 품질을 자랑한다. '연인들'이라는 이름이 이 와인의 감성을 대변한다.

떼루아─산지

샹볼─뮈지니는 꼬뜨 드 뉘 언덕 지형의 전형을 보여준다. 포도밭은 해발 250~300미터에 위치하며, 석회질을 기반으로 붉은색 고운 흙과 자갈이 섞인 토양을 이룬다. 모암은 바죠시안 시기의 갯나리류 석회암으로, 지표 가까이에 드러나 있다. 이 석회암은 미세한 공극을 지니고 있어 포도나무 뿌리가 깊이 침투하고 미네랄을 흡수하기에 유리하다. 이는 샹볼 와인의 풍부한 바디감과 세련된 미네랄 향미를 만들어 내는 기반이 된다.

샹볼에는 2개의 그랑 크뤼가 있다. 본─마르는 마을 북쪽, 모레─쌩─드니와의 경계에 위치하며, 샹볼에서 처음 마주치는 그랑 크뤼 구역이다. 전체 면적은 14.99헥타르로, 약 90%는 샹볼에, 나머지 10%는 모레에 속한다. 뮈지니는 마을 남쪽에 있으며, 끌로 드 부조와 경계를 접한다. 그랑 크뤼 두 포도원은 샹볼 안에서도 전혀 다른 스타일의 와인을 만든다.

와인 특성

샹볼-뮈지니는 우아하고 섬세한 부르고뉴 최고급 와인의 전형으로 꼽힌다. 색은 적당히 진한 빛깔을 띠며, 산딸기, 딸기잼, 제비꽃 향에 더해 바이올렛, 체리, 라즈베리 등 풍부한 아로마가 오래도록 퍼진다.

맛은 감미롭고 부드러운 탄닌이 조화를 이루며, 풍부한 질감이 특징이다. 와인 애호가들 사이에서는 "라벨에 샹볼-뮈지니라 쓰여있다면, 어떤 것이든 훌륭하다"는 말이 있을 정도다.

프리미에 크뤼 와인은 진하고 단단한 인상을 주며, 뮈지니 그랑 크뤼는 유연함과 세련된 맛이 특히 두드러진다. 반면, 본 마르 그랑 크뤼는 보다 매콤하고 견고한 스타일로, 숙성 속도도 조금 느린 편이다.

샹볼-뮈지니 마을의 2개 그랑 크뤼

❶ 본 마르 Bonnes Mares

본 마르는 포도 재배에 이상적인 평탄한 지형을 갖추고 있다. 로마 황제 카이사르가 갈리아를 정복하기 이전부터 이곳에서 포도 재배가 이루어졌다는 기록

도 전해진다. '본 마르'라는 이름은 과거 이 지역에 있던 따르-르-오Tart-le-Haut 수도원의 수녀들을 가리키는 '본 메르Bonnes Mères'에서 유래한 것으로 알려져 있다. 한편, 수확의 여신 마이레스Maires의 이름에서 비롯되었다는 설도 있다.

떼루아—산지

본 마르 포도밭은 완만한 경사의 중간 지대에 위치하며, 고운 흙이 퇴적된 지역이다. 동향과 남동향을 따라 있으며, 해발은 270~280미터 정도다. 겉흙은 자갈이 많은 붕적토로 덮여있고, 그 아래에는 점토와 규사토가 섞인 층이 자리한다. 적갈색 자갈이 많으며, 토심은 최대 50센티미터로 비교적 얕은 편이다. 지하에는 피노 누아 재배에 적합한 바죠시안 갯나리류 석회암이 자리하고 있다. 언덕 상부는 석회암이 섞인 밝은 적색의 이회토로, 입자가 곱고 투수성이 낮다. 이 토양은 미네랄이 풍부하고 세련된 스타일의 와인을 만들어 낸다.

와인 특성

본 마르 와인은 다양한 지질을 품은 끌리마의 특성이 잘 드러나며, 진하고 활기찬 색상을 지닌다. 아로마는 체리, 제비꽃, 멀베리, 향신료 등이 복합적으로 어우러져 풍부하게 발산된다. 젊은 와인에서는 다소 직선적인 느낌이 들지만, 구조감 있고 균형 잡힌 강한 맛을 보여준다. 샹베르탱이나 리쉬부르와 유사한 깊이를 지니면서도, 본 마르만의 개성이 뚜렷하다. 숙성이 진행될수록 질감은 부드러워지고, 우아한 매력이 더해진다. 생산자에 따라 스타일이 달라지기도 하며, 뮈지니 와인과는 뚜렷한 차이를 보인다. 토끼, 멧돼지 같은 사냥육 요리와 잘 어울린다.

❷ 뮈지니 Musigny

'뮈지니'라는 이름은 갈리아-로마 시대 이 지역 통치자였던 무지누스Musinus에서 유래한다. 11세기경, 필립 그로Philippe Gros가 자신이 소유한 '샹 드 뮈지니Champs de Musigne'를 시토 수도회에 기증하면서 뮈지니의 와인 역사가 본격적으로 시작되었다. 뮈지니 그랑 크뤼는 세 구역으로 나뉜다. 가장 아래에는 소규모의 라 꽁브 도르보La Combe d'Orveau, 그 위쪽으로는 끌로 드 부조와 경계를 이루는 레 쁘띠 뮈지니Les Petits Musigny, 그리고 중심 구획인 레 뮈지니Les Musigny가 있다.

'품격의 와인'이라 불리는 뮈지니는 부르고뉴는 물론 세계적으로도 손꼽히는 최상급 와인 중 하나다. 강인함과 섬세함을 동시에 갖추며, 실크나 벨벳처럼 부드러운 질감을 자랑한다. 샹베르탱이나 로마네 와인처럼 단단한 바디감을 지니진 않지만, 화려한 색감과 함께 베리류, 야생 장미의 아로마가 우아하게 펼쳐지는 스타일이다.

떼루아-산지

뮈지니 포도밭은 남쪽으로 길게 뻗으며, 동향 언덕 가운데에서도 경사가 가파른 구역에 놓여있다. 지층은 모암 사이에 흙이 고정된 형태로, 토심은 깊지 않다. 토양은 배수가 우수한 갈색 백악토에 소량의 점토가 섞여있으며, 잘게 부서진 자갈이 고운 흙과 혼합되어 있어 포도나무 생육에 유리한 조건을 제공한다. 포도밭 표면의 자갈은 낮의 태양열을 흡수하고 밤에는 복사열을 방출하여 생장에 도움을 준다. 또한 이 지역은 샹볼과 오르보 골짜기 사이에 위치한 덕분에 산악의 찬 바람으로부터 비교적 안전한 편이다.

주목할 만한 점은 도멘 보귀에 Vogüé가 소유한 약 0.7헥타르 규모의 포도밭에서 꼬뜨 드 뉘 유일의 그랑 크뤼 화이트 와인이 생산된다는 것이다. 샤르도네 품종으로 양조된 '뮈지니 그랑 크뤼 블랑'은 섬세한 산미와 묵직한 질감을 지닌 매우 특별한 와인으로 평가받는다.

와인 특성

뮈지니 와인은 뛰어난 떼루아에서 비롯된 섬세함과 세련미, 그리고 부드러운 질감을 지닌 와인이다. 색상은 맑고 빛나는 루비색이며, 향은 강렬하면서도 깔끔하고 세련된 인상을 준다. 붉은 과일, 들장미, 후추, 아시아풍의 이국적인 아로마가 복합적으로 퍼진다. 미네랄이 뚜렷하며, 긴 여운이 특징이다.

숙성 초기에는 나무딸기, 레드커런트, 라즈베리 등의 붉은 과일 향에 흰 초콜릿의 뉘앙스가 더해지며, 숙성이 진행되면 제비꽃, 야생 장미, 이끼, 그리고 사냥 고기류의 풍미가 겹겹이 드러나며 깊고 진한 와인으로 변모한다. 브레스산 토종닭에 송로버섯을 곁들인 요리, 양고기, 송아지, 곰보버섯 요리 등과 뛰어난 조화를 이루며, 갓 출시된 시점은 물론 오랜 숙성 이후에도 변함없이 최상의 품질을 자랑한다.

샹볼-뮈지니 마을의 주요 생산자

도멘 자끄-프레데릭 뮈니에 Domaine Jacques-Frédéric Mugnier

도멘 자끄-프레데릭 뮈니에는 5대째 샹볼을 기반으로 와인을 생산해 온 유서 깊은 와인 가문이다. 현 대표 프레데릭 뮈니에는 1985년 빈티지부터 양조를 책임지고 있다.

그는 특정한 양조 기술이나 규범보다는, 포도밭의 조화로운 환경 조성이 더 중요하다고 믿는다. 포도 줄기는 100% 제거하며, 이를 통해 탄닌과 산도의 이상적인 균형을 추구한다. 대표 와인은 뮈지니 그랑 크뤼로, 깊은 풍미와 탁월한 밸런스, 그리고 긴 여운을 지닌 와인이다. 소량의 화이트 와인도 함께 생산한다.

도멘 조르주 루미에 Domaine Georges Roumier

1924년 설립된 이 도멘은, 현재 3대 크리스토프 루미에가 이끌고 있다. 그는 1982년부터 양조를 맡아왔으며, 화학 비료를 사용하지 않고 비오디나믹 농법을 실천하고 있다. 레드와 화이트 모두 뛰어난 품질로 평가받는다. 대표 와인은 본 마르로, 2015년부터 약 1.4헥타르 규모로 재배를 시작하였다. 샹볼-뮈지니 빌라주 와인은 순수하고 섬세한 인상

이 두드러지며, 부드러운 질감 속에 은근한 깊이를 품고 있다. 모레 마을의 프

리미에 크뤼 끌로 드 라 부시에르la Bussière는 13세기부터 부시에르 수도회가 소유하던 2.59헥타르의 포도원으로, 1953년 도멘이 단독 인수하여 운영 중이다. 철분이 풍부한 토양에서 강건하고 구조감 있는 와인이 생산된다.

도멘 꽁뜨 조르주 드 보귀에Domaine Comte Georges de Vogue

1450년에 설립된 유서 깊은 도멘은 샹볼 마을 조용한 구석에 자리 잡고 있다. 넓은 정원과 고풍스러운 건물은 보르도의 샤또를 연상케 한다. 양조 방식은 전통을 따르며, 포도 줄기는 제거하고 포도알만 사용한다. 도멘 소유의 본 마르 포도밭은 점토 비중이 높아 산도는 다소 낮고, 질감이 부드러운 와인이 나온다. 반면 뮈지니 와인은 미네랄 풍미가 강하고, 구조감이 뛰어난 남성적 스타일을 보여준다.

도멘의 대표 와인은 그랑 크뤼 뮈지니 비에이유 비뉴Vieilles Vignes로, 오래된 포도나무의 포도로 만든 이 와인은 복합적인 아로마와 함께 우아한 탄닌 그리고 긴 여운이 특징이다.

도멘 안느 에 에르베 시고Domaine Anne et Hervé Sigaut

안느와 남편 에르베 시고 부부는 포도밭과 와인을 진심 어린 열정으로 관리하며, 섬세한 감각의 와인을 생산하고 있다. 도멘의 대표 와인은 샹볼–뮈지니 프리미에 크뤼 레 퓌에Les Fuées다. 약 4헥타르 면적의 이 포도원은 300미터 높이의 언덕에 위치하며, 도멘 시고의 소유 구역은 0.5헥타르에 불과하지만 오래된 수령의 포도나무가 자란다. 달콤한 꽃향기, 섬세하고 부드러운 질감, 생기 있는 구조감과 여운을 자랑하는, 샹볼-뮈지니 와인의 전형적인 아름다움을 보여준다. 본 마르 아래쪽 레 쌍티에Les Sentiers 프리미에 크뤼 와인 또한 샹볼 특유의 부드럽고 섬세한 스타일이 잘 표현되어 있다.

6.
부조 Vougeot 마을과
끌로 드 부조 Clos de Vougeot

부조

'부조'라는 지명은 이 마을을 흐르는 작은 샛강 '부쥬Vouge'에서 유래된 방언이다. 최초로 포도나무가 심어진 시기는 9세기로, 12세기에는 시토 수도회 수도사들이 이곳에 정착해 포도밭을 넓히며 오늘날의 돌담을 완성했다. 이 지역은 토양과 기후가 조화롭게 어우러져, 전형적인 부르고뉴 스타일의 피노 누아 와인을 생산해 내며 '부르고뉴 와인의 상징'으로 자리 잡게 되었다.

부조는 마을 이름과 동일한 그랑 크뤼 포도밭 '끌로 드 부조'로 유명하다. 단일 포도원 기준으로는 부르고뉴에서 가장 큰 규모로, 북서쪽의 뮈지니 그랑 크뤼와 돌담 하나를 사이에 두고 경계를 이룬다. 부조 마을의 전체 포도밭은 직사각형 형태에 가까우며 약 66헥타르에 달한다. 꼬뜨 도르의 다른 마을들처럼 작은 포도밭이 흩어져 있는 형태는 찾아보기 어렵다.

끌로 드 부조 담장 바깥쪽에는 부조 프리미에 크뤼와 빌라주 명칭의 포도밭이 자리한다. 프리미에 크뤼 끌리마는 네 곳으로, 레 크라Les Cras, 레 쁘띠 부조Les Petits Vougeots, 끌로 드 라 뻬리에르Clos de la Perrière, 그리고 르 끌로 블랑Le Clos Blanc이 있다. 부조는 전통적으로 레드 와인의 산지로 알려져 있지만, '르 끌로 블랑'에서는 도멘 드 라 부즈레Vougeraie가 샤르도네로 만든 화이트 와인을 생산한다.

▲ 샤또 뒤 끌로 드 부조와 그랑 크뤼 끌로 드 부조 포도밭

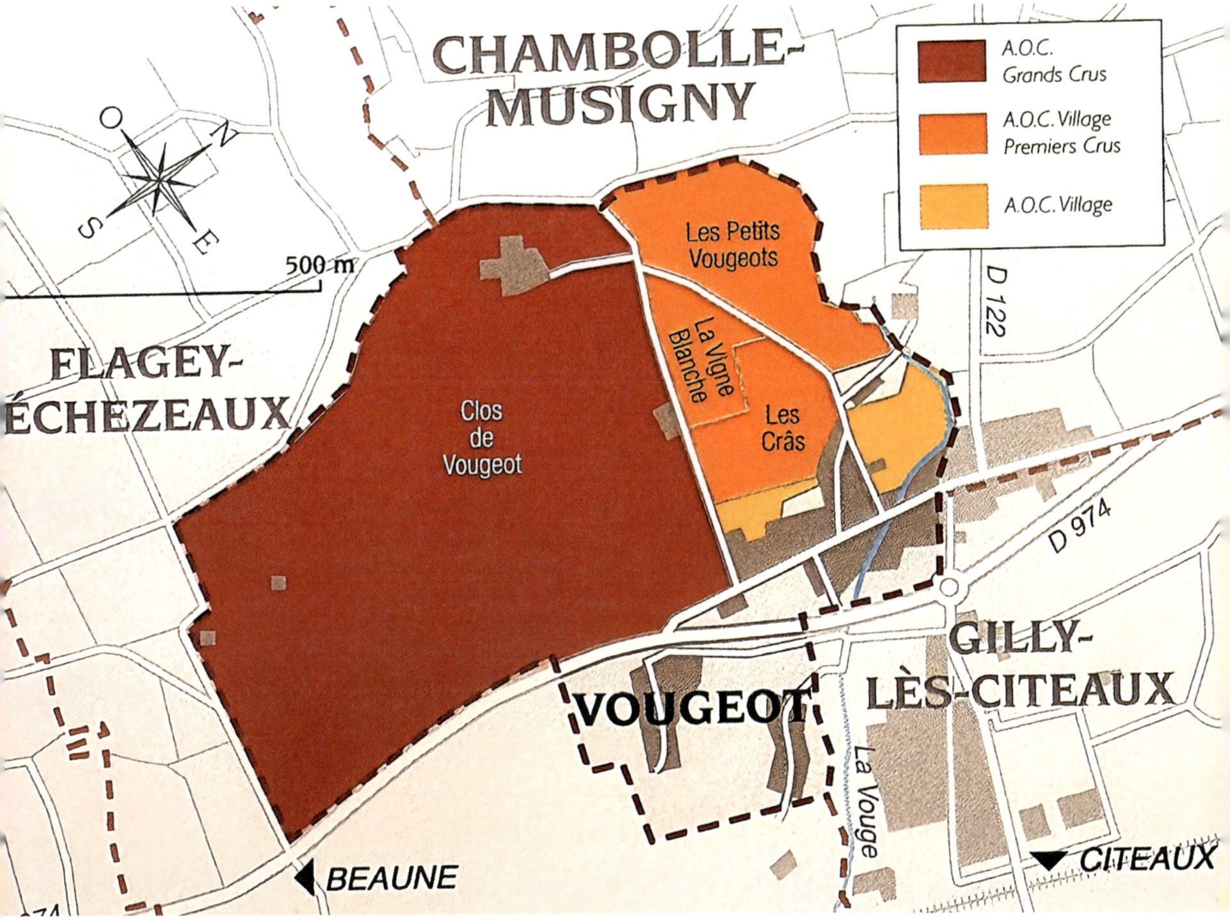

그랑 크뤼 끌로 드 부조 CLOS DE VOUGEOT

이 포도밭은 원래 시토 수도회가 소유했던 단일 포도원이었으나, 프랑스 대혁명 이후 민간에 분할되었다. 현재 끌로 드 부조는 약 50헥타르에 이르며, 16개의 리외디로 구분된다. 초창기에는 몇몇 소유주만 있었으나, 20세기 들어 토지가 점점 분할되어 현재는 약 80여 명이 몇 이랑씩 나누어 소유하고 있다.

포도밭 중앙에는 부조를 대표하는 샤또 뒤 끌로 드 부조 Château du Clos de Vougeot가 위치하고 있다. 원래는 수도사들의 종교 건물이었지만, 현재는 부르고뉴 와인을 대표하는 문화공간으로 활용되고 있다. 1934년 뉘-쌩-조르주에서 창립된 와인기사단 꽁프레리 데 슈발리에 뒤 따스뜨방 Confrérie des Chevaliers du Tastevin의 본거지로, 연회와 연례 시음회가 이곳에서 열린다.

끌로 드 부조는 소유주가 많은 것으로 유명하다. 경작하는 포도밭이 아주 작거나 또는 자가 양조 시설이 부족한 소유주들은 포도를 외부에 판매하거나 다른 생산자와 협력해 포도를 블렌딩하는 경우도 있다. 소유자마다 생산하는 와인의 스타일이 달라, 동일한 원산지 명칭을 지녔더라도 단일한 특성으로 평가하기 어렵고, 품질과 개성 면에서 차이를 보일 수 있다.

또한 포도밭 위치에 따라서 토양 특성도 균일하지 않다. 상단부일수록 배수가 잘되고, 석회질이 풍부한 우수한 토양을 지닌 반면, 하단부는 진흙이 많고 물 빠짐이 좋지 않아 품질에 영향을 줄 수 있다. 과거 시토 수도사들은 경사진 위쪽과 중간, 아래쪽 포도밭에서 수확한 포도를 구분해 양조한 뒤 블렌딩하여 와인을 만들었다. 이는 부르고뉴에서는 드문 방식이지만, 끌로 드 부조 와인의 품질을 일정하게 유지하려는 지혜로운 방법이었다.

▲ 샤또 뒤 끌로 드 부조 입구

▲ 샤또 뒤 끌로 드 부조 안마당의 조형물

떼루아-산지

포도밭은 완만한 남향 언덕에 자리하고 있으며, 남쪽으로는 그랑 제세조, 북쪽으로는 뮈지니와 경계를 이룬다. 평균 고도는 해발 250미터이다. 토양은 크게 세 구역으로 나뉘며, 가장 중요한 요소는 배수 능력이다. 상단부, 즉 뮈지니와 인접한 북서쪽 경계 지역은 바죠시안 석회암 기반 위에 자갈과 점토가 혼합된 얕은 토양으로 덮여있다. 중간 구역은 평균 45센티미터 깊이의 토심을 가지며, 산 위에서 유입된 갈색 석회암 자갈이 점토와 섞여있다. 이곳은 구조감과 세련미를 고루 갖춘 고품질 와인을 생산하기에 이상적인 구역으로 평가된다. 하단부는 이회토와 고운 모래흙이 혼합된 깊이 1미터에 달하는 토양으로, 보온성이 높아 포도가 잘 익는다. 결과적으로 진하고 풍성한 스타일의 와인을 만들어 낼 수 있다.

와인 특성

끌로 드 부조는 다수의 소유주와 각기 다른 양조 방식, 상이한 떼루아와 포도나무 수령으로 인해 와인의 품질과 스타일이 다양하다. 대체로 짙은 루비색을 띠며, 흙 내음과 함께 검은 체리, 자두, 매콤한 향신료의 아로마가 복합적으로 어우러진다. 검붉은 베리류, 산머루, 카시스, 제비꽃 등 부르고뉴 그랑 크뤼 특유의 향이 농밀하게 퍼지며, 숙성이 진행되면 가죽, 사향 같은 동물적 부케도 뚜렷해진다. 입안에서는 깊은 구조감과 풍성한 여운을 보여주며, 부드러운 탄닌과 적당한 산도가 조화를 이루어 우아하고 기품 있는 인상을 남긴다. 장기 숙성에 적합한 고급 와인이다.

부조 마을의 주요 생산자

도멘 베르타냐 Domaine Bertagna

이 도멘은 1950년대 끌로드 베르타냐 Claude Bertagna에 의해 설립되었으며, 1988년부터 에바 레-시들 Eva Reh-Siddle 이 운영을 맡고 있다.

꼬뜨 드 뉘에 약 17헥타르의 포도밭을 보유하고 있으며, 샹베르탱, 끌로 드 부조, 꼬르통-샤를마뉴, 끌로 쌩 드니, 꼬르통 레 그랑드 롤리에르 Les Grandes Lolières 등 여러 그랑 크뤼 포도원이 포함된다. 샹볼 뮈지니 레 자무르즈 Les Amoureuses의 일부 구역에도 밭을 확보하였다.

공식 인증은 받지 않았으나, 유기농 방식으로 포도원을 관리하고 있다. 프리미에 크뤼 끌로 드 라 뻬리에르 2.28헥타르는 샤또 뒤 끌로 드 부조 입구 맞은편에 위치하며, 도멘이 단독 소유한다. 이곳 와인은 매콤한 뉘앙스, 긴 여운, 균형 잡힌 구조감, 풍부한 탄닌 등을 특징으로 한다.

도멘 위들로-노엘라 Domaine Hudelot-Noëllat

이 도멘은 알랭 위들로 Alain Hudelot가 1962년 설립하였고, 현재는 그의 손자 샤를 반 칸네 Charles van Canneyt가 경영을 맡고 있다. 그는 젊은 감각과 양조 실력으로 주목받고 있으며, 2011년부터 전체 수확량 중 약 20%를 포도송이째 사용하는 부분적 클러스터 발효 방식을 도입하였다. 향기롭고 우아한 스타일의 와인을 지향한다.

도멘은 10헥타르의 포도밭에서 15개의 서로 다른 와인을 생산하는데, 끌로 드 부조, 로마네-쌩-비방, 리쉬부르 등 그랑 크뤼를 포함해 다수의 프리미에 크뤼와 빌라주 와인이 포함된다. 샹볼-뮈지니 와인은 11곳의 작은 구획에서 재배한 포도를 섞어 양조되며, 균형 잡힌 바디감을 갖는다. 반면, 본-로마네 와인은 단일 포도밭 바스 메지에르 Basse Maizières에서 수확한 포도로 만들어지며, 강렬하면서도 생동감 있는 풍미가 특징이다. 리쉬부르 와인은 살짝 매콤한 뉘앙스를 지닌 복합적인 향미가 돋보인다.

7.
본-로마네 *Vosne-Romanée*

본-로마네

부르고뉴 꼬뜨 도르를 왕관이라 한다면, 본 로마네는 그중 가장 빛나는 보석이다. 전 세계에서 가장 뛰어난 피노 누아 레드 와인을 생산하는 마을로, "가장 저렴한 본 로마네 빌라주 와인조차 꼬뜨 드 뉘의 다른 와인들에 비해 실망할 가능성이 적다"고 평가된다. 본 로마네는 마을 단위 AOC보다 그랑 크뤼와 프리미에 크뤼 포도밭 면적이 더 넓다.

이 마을에는 세계 최고이자 가장 희귀한 와인으로 꼽히는 로마네 꽁티 포도밭이 있다. 1.81헥타르의 이 밭은 도멘 드 라 로마네 꽁티DRC가 단독 소유하며, 극소량의 순수하고 품격 있는 피노 누아 와인을 생산한다. 로마네 꽁티를 에워싸고 정상급 그랑 크뤼들이 밀집해 있다. 로마네 꽁티 남쪽에는 포도원 길을 사이에 두고 라 그랑드 뤼가 동서로 길게 이어지며, 그 아래쪽에는 라 따슈가 자리한다. 서쪽의 라 로마네는 과거 일부가 로마네 꽁티에 포함되었던 기록이 있다. 북쪽으로는 리쉬부르가 이어지는데, 육감적이고 짜임새 좋은 와인으로 유명하다. 리쉬부르 아래, 마을에 가까운 동쪽에는 로마네 쌩-비방이 있다. 리쉬부르를 첼로에 비유한다면 로마네 쌩-비방은 바이올린처럼 경쾌하다.

마을의 북쪽 플라지-에셰조Flagey-Échezeaux 구역에 속하는 그랑 크뤼 에셰조

와 그랑 제셰조도 본 로마네 빌라주에 포함해서 다룬다. 에셰조는 약 36헥타르 규모에 11개의 리외디를 포함하고 있으며, 그랑 제셰조는 에셰조의 동쪽 비교적 평탄한 지형에 위치하는데, 토심이 깊은 덕분에 무게감 있고 구조적인 와인이 생산되며, 에셰조보다 우수하다는 평가를 받는다.

본 로마네에는 DRC 외에도 르루아Leroy, 메오 까뮈제Méo-Camuzet, 안느 그로Anne Gros, 장 니꼴라 메오Jean-Nicolas Méo 같은 명문 도멘들이 마을의 명성을 높이고 있다. 프리미에 크뤼 AOC는 총 14개로, 레 보 몽Les Beaux Monts, 오 브륄레Aux Brûlées, 레 숌Les Chaumes, 오 말꽁소르Aux Malconsorts, 레 쉬쇼Les Suchots, 끌로 데 레아Clos des Réas, 크로 빠랑뚜Cros Parantoux 등이 특히 뛰어난 것으로 손꼽힌다.

떼루아-산지

본-로마네 골짜기는 부조와 뉘-쌩-조르주 사이에서, 꽁꾀르Concoeur 산지의 동쪽에 자리 잡고 있다. 포도밭은 D974번 국도 서쪽 해발 235미터에서 시작하여 350미터까지 급경사를 이루며 이어진다. 마을 뒤쪽 언덕의 그랑 크뤼 포도밭들은 동남향 또는 동향의 완만한 사면에 자리하며, 배수가 탁월하다.

석회석 기반의 얕은 토양 위에 석회암, 점토, 자갈이 고루 섞여있으며, 서쪽 언덕 정상에는 방풍림이 조성되어 있어 북서풍을 막아 준다. 특히, 햇볕이 가장 잘 드는 중턱 구역이 최상의 떼루아로 평가받으며, 도멘 드 라 로마네 꽁티가 이 핵심 지대를 소유하고 있다.

이러한 환경 덕분에 본-로마네 와인은 향신료의 뉘앙스를 지닌 우아하고 벨벳 같은 부드러움을 자랑한다. 또한, 일관되게 고귀한 개성을 지니며, 뛰어난 떼루아, 소량 생산, 오래된 포도나무, 철저한 재배와 양조라는 공통된 철학을 바탕으로 세계 와인 애호가들의 사랑을 받고 있다.

와인 특성

본-로마네 와인을 언어로 표현하는 것은 결코 쉽지 않다. 피노 누아 품종의 우아함과 섬세함, 감미로운 특성이 가장 완벽하게 드러나는 와인이기 때문이다. 색은 진한 루비색을 띠며, 체리와 산딸기 같은 검붉은 과실 아로마가 풍성하고, 향신료의 뉘앙스와 어우러져 벨벳처럼 부드러운 질감을 선사한다. 뛰어난 바디감과 힘을 지니는 동시에, 매혹적이고, 탄탄한 구조와 완벽한 균형미를 자랑하는 그랑 크뤼 와인이라고 할 수 있다. 검붉은 열매, 산머루, 사향, 가죽, 부식토 향이 깊고 풍부하게 펼쳐진다. 입안 가득 퍼지는 강렬한 향미는 긴 여운을 남기며, 숙성 기간이 길어질수록 더욱 절정에 이른다.

본-로마네 마을의 8개 그랑 크뤼

❶ 에셰조 Échezeaux

본래 수도원 소유였던 에셰조 포도원은 3.57헥타르 규모였으나, 프랑스 대혁명 이후 여덟 곳의 포도밭이 추가되었다. 현재 포함된 구역은 앙 오르보 En Orveaux, 8.03헥타르(이하 '헥타르' 생략), 레 뿔라이예르 Les Poulaillères, 5.24, 레 트뢰 Les Treux, 4.95, 레 루즈 뒤 바 Les Rouges du Bas, 3.95, 레 크뤼오 Les Cruots, 3.16, 레 로아쇼스 Les Loachausses, 3.12, 레 샹 트라베르생 Les Champs Traversins, 2.86, 끌로 쌩-드니 Clos Saint-Denis, 1.69 등으로 총 36.25헥타르에 달한다.

'에셰조' 이름은 '작은 오두막'을 뜻하는 고어 'chezal'의 복수형 'chezeaux'에서 유래했다. 에셰조는 1937년 그랑 크뤼로 승격되었으며, 현재는 11개의 리외디를 포괄하는 단일 그랑 크뤼로 관리된다. 그러나 포도밭 위치와 생산자의 스타일에 따라 품질과 와인의 개성이 크게 달라진다.

떼루아-산지

에셰조는 북쪽으로 샹볼-뮈지니 프리미에 크뤼 라 꽁브 도르보 La Combe d'Orveau와 동쪽으로는 끌로 드 부조 북서쪽과 맞닿아 있으며, 남쪽으로는 본 로마네 프리미에 크뤼인 레 쉬쇼 및 레 보몽과 접하고 있다.

이 지역은 지형과 토양이 매우 다양하며, 일반적으로 포도밭 중간 구역에서 가장 우수한 와인이 생산된다. 전반적으로 생동감 있는 미네랄 풍미와 관능적 질감을 지니는데, 이는 얇은 토양층의 크뤼오, 석회암이 많은 에셰조 뒤 드쉬, 프레모 석회암이 지배하는 루즈 뒤 바, 이회토와 붉은 모래·자갈이 섞인 보몽-오 구역에서 뚜렷하게 나타난다.

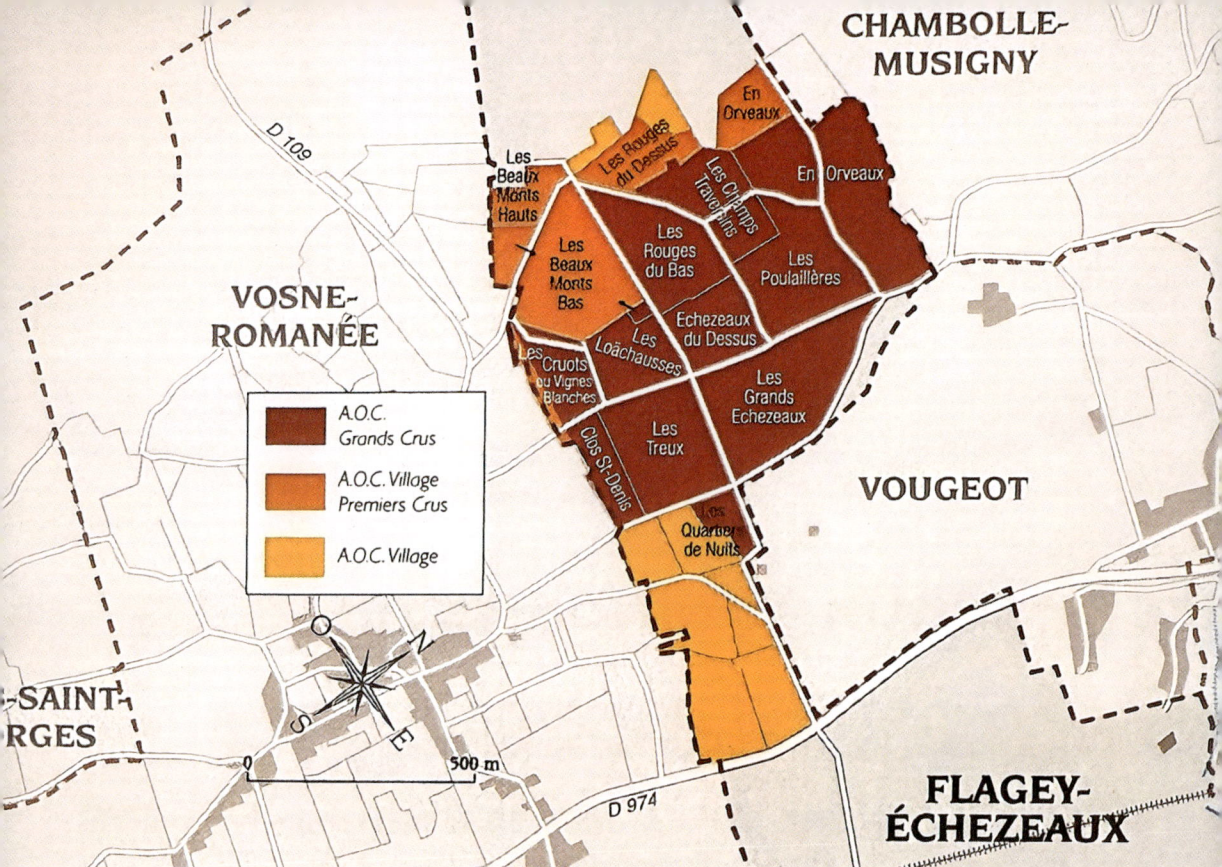

샹 트라베르생과 루즈 뒤 바 언덕의 상단은 경사가 매우 가파르며, 하단부는 보다 완만하다. 해발고도는 최고 300미터, 최저 220미터로 구역에 따라 포도 익는 시기에 차이가 생기며, 이는 와인의 구조와 맛에 직접적인 영향을 준다.

본 로마네 북서단의 꽁브 지역은 저녁 햇빛이 잘 드는 양호한 환경으로 평가된다. 샹 트라베르생과 루즈 뒤 바는 일조량이 풍부하지만, 인근 프리미에 크뤼 지역은 조기 그늘 영향으로 불리한 조건을 가진다. 이러한 미세한 환경 차이는 포도의 말산과 주석산 농도에도 영향을 주어 와인의 풍미에 차이를 만든다. 레 트뢰와 로아쇼스는 갈색 점토와 석회토가 혼합된 토양이 우세하며, 에셰조 뒤 드쉬는 점토 비율이 높다. 레 크뤼오는 석회성 자갈이 풍부해 배수성이 탁월하다.

와인 특성

에셰조 와인은 아름다운 루비빛을 띠며, 제비꽃 향을 지닌다. 엄격한 구조감보다는 부드럽고 풍성한 질감을 중시하는 스타일로, 우아함과 섬세한 바디감을 함께 보여준다. 생산자에 따라 와인의 스타일과 품질이 다양하게 나타나며, DRC는 레 뽈라이예르 지역에서 보다 세련되고 정교한 에셰조를 생산한다. 향은 검붉은 베리류 아로마가 풍성하고 우아하며, 숙성에 따라 가죽이나 사향의 복합적인 부케로 발전한다. 입안을 채우는 부드럽고 풍성한 질감이 인상적이다.

❷ 그랑 제셰조 Grands-Échezeaux

그랑 제셰조는 본-로마네 마을 북동쪽 플라지-에셰조 구역에 위치하며, 동쪽 끝은 끌로 드 부조와 돌담으로 구분된다. 에셰조의 11개 끌리마 중 다섯 곳과 인접해 있다. 1098년 시토에 정착한 시스테리안 수도회는 이곳을 세심하게 가꿔 뛰어난 포도원으로 발전시켰고, 이후 포도밭 관리는 점차 민간으로 이관되었다. 중세 기록에는 단순히 '에셰조'로 불렸으나, 1937년 별도의 '그랑 제셰조 그랑 크뤼'로 공식 지정되었다.

떼루아-산지

그랑 제셰조는 전체가 돌담으로 둘러싸여 있으며, 비탈면 경사는 3~4도로 완만하다. 동향의 포도밭 평균 고도는 해발 260미터로, 햇빛을 충분히 흡수하고 보존할 수 있어서 피노 누아 재배에 이상적이다. 기반암은 바죠시안 석회암으로, 와인에 생생한 미네랄 향과 세련된 탄닌, 우아한 질감을 부여한다. 또한 배수가 잘되는 점토 성분이 적절히 섞여있어, 와인에 균형 잡힌 구조감과 점성을 더해준다.

그랑 제셰조와 에셰조의 차이를 이해하는 것도 중요하다. 에셰조는 토심이 얕고 바위가 많은 반면, 그랑 제셰조는 토심이 깊지만 쟁기질을 하다 보면 바윗돌이 드러난다. 두 지역은 도로 하나를 경계로 나뉘며, 일반적으로 그랑 제셰조 쪽 포도밭이 품질 면에서 더 우수하다고 평가된다.

와인 특성

그랑 제셰조 와인은 끌로 드 부조와 인접해 있지만, 스타일 면에서는 큰 차이를 보인다. 진함과 무게감은 비슷하나, 탄탄한 바디감과 남성적인 힘을 드러낸다. 숙성이 진행되면서 오크 향이 뚜렷하게 표현되며 매혹적인 풍미로 변모한다. 훌륭한 빈티지에서는 섬세하고 풍부한 아로마와 함께, 에셰조보다 안정적이고 견고한 구조감을 보여준다. 색상은 검붉은 빛을 띠며, 검은 체리, 딸기, 블랙커런트, 라즈베리의 향을 풍부하게 지니고 있다.

❸ 리쉬부르 Richebourg

리쉬부르는 꼬뜨 도르 지역 그랑 크뤼 중에서도 가장 화려한 느낌을 주는 와인 가운데 하나이다. 본-로마네 와인의 우아함을 지니면서도, 섬세하고 부드러운 재질감을 함께 갖추고 있다. 포도밭은 2개의 끌리마 구역, 리쉬부르와 레 베루아유 오 리쉬부르Les Véroilles-ou-Richebourg로 나뉘며, 1936년에 그랑 크뤼로 승격되었다. 프랑스 대혁명기인 1791년, 이 영지는 민간에 매각되었고 이후 여러 구역으로 분할되었다. 현재 이 포도밭은 11명의 소유자가 나누어 관리하고 있다.

떼루아-산지

리쉬부르는 로마네-꽁티와 라 로마네의 북쪽에 위치하며, 작은 포도밭 길 하나를 사이에 두고 구분된다. 동쪽으로는 로마네 쌩-비방과 접하고 있다. 포도밭은 해발 260~280미터의 언덕 중간 부분, 완만하게 옴폭한 경사면에 자리하며 동쪽, 즉 마을 방향을 향하고 있다.

토심은 대체로 얕아 30센티미터에 못 미치는 곳도 있다. 표토는 점토층이며, 그 아래에는 하얀 석회암 조각과 갈색 점토가 섞여있다. 더 깊은 곳에는 쥐라기 중기에 형성된 모암이 자리하고 있어, 포도 재배에 이상적인 조건을 갖추고 있다. 한편, 레 베루아유 구역은 북동쪽을 향해있어 인근 골짜기에서 불어오는 바람의 영향을 받는다. 이로 인해 리쉬부르 구역 포도보다 조금 더 천천히 익으며, 충분한 당도를 유지하면서도 더 높은 산도를 띤다.

와인 특성

리쉬부르 와인은 강건한 구조감과 탄탄한 짜임새를 지니고 있으며, 숙성될수록 본 로마네 와인 특유의 벨벳처럼 부드러운 촉감을 완성해 간다. 색상은 매우 진하며, 빈티지에 관계없이 거의 일정한 양상을 유지한다.

향에서는 제비꽃, 라즈베리, 카시스, 모카커피, 초콜릿, 가죽 등의 아로마가 풍부하게 드러나며, 이 모든 향들이 조화롭게 어우러진다. 잘 익은 탄닌과 함께 섬세한 미네랄 감각도 느껴지며, 오래도록 길게 세련된 질감을 유지한다.

❹ 로마네 쌩-비방 Romanée Saint-Vivant

본-로마네 마을 중심에서 가까운 곳에 위치한 로마네 쌩-비방은, 마을의 그랑 크뤼 중 가장 낮은 고도에 위치한다. 중세 시대 베네딕토 수도회가 이곳에 정착하면서 포도 재배와 와인 생산이 본격화되었고, 이후 9세기경 방데Vendée 지역에서 온 수도사들이 세운 쌩-비방 수도원이 포도밭을 관리하며, 꼬뜨 도르를 대표하는 와인 산지가 되었다.

1276년 샤쌩 수도원이 이 지역 포도밭을 통합하여 '끌루 드 쌩-비방Cloux de Saint-Vivant'이라 불렀으며, 이후 오랫동안 '끌로 쌩-비방'으로 알려졌다. 여기서 '끌루cloux'는 오늘날 '끌로clos'와 같은 의미로, 담으로 둘러싸인 포도밭을 뜻한다. 로마네 쌩-비방은 하위 포도밭 구역인 끌루 데 뇌프Neufs, 끌루 뒤 무아땅Moytant, 끌루 데 까트르 쥬르노Quatre Journaux를 포함하는데, 이들 모두 초기

베네딕토 수도사들이 조성한 곳이다. 1651년, 로마네-꽁티 포도원과 인접한 입지를 반영하여 지명 앞에 '로마네'가 추가되었다.

떼루아-산지

로마네 쌩-비방은 본-로마네 마을 방향으로 동쪽을 향한 완만한 언덕에 자리 잡고 있다. 고도는 해발 약 250미터 내외이다. 토양은 점토와 백묵토가 섞여있으며, 평균 토심은 약 90센티미터로 로마네-꽁티 포도밭에 비해 다소 깊은 편이다. 포도밭의 상단부는 갯나리류 석회암이 풍부하고, 쥐라기 시대에 형성된 이회토와 점토가 함께 섞여있다. 점토는 수분을 오래 머금어 토양을 촉촉하게 유지해 주며, 곳곳에 분포한 돌과 자갈 덕분에 배수 또한 탁월하다.

와인 특성

로마네 쌩-비방 와인은 본 로마네 마을 그랑 크뤼 중에서 가장 섬세하고 여성적인 분위기를 지닌다. 블라인드 테이스팅에서는 뮈지니 와인과 혼동될 만큼 우아한 맛을 보이며, 안정된 구조와 특유의 활력을 함께 갖추고 있다. 고상한 질감과 함께 미네랄 느낌이 뚜렷하고, 점도가 높아 입안에서 끈적이는 듯한 인상을 준다.

훌륭한 빈티지에서는 아로마가 강력하게 발산되며, 젊을 때는 꽃향기와 함께 체리, 블랙커런트, 라즈베리의 풍미가 지배적이다. 숙성이 진행될수록 섬세함과 함께 나무 향이 짙어지며, 촉감은 더욱 부드러워지고 맛의 여운도 길게 이어진다.

❺ 라 로마네–꽁티 La Romanée-Conti

본 로마네 마을을 찾는 방문자라면 누구나 가장 먼저 로마네–꽁티 포도밭과 그곳에 세워진 돌로 만든 십자가를 향한다. 이 도멘은 별다른 홍보 활동 없이도 세계 최고의 명성을 자연스럽게 유지하고 있다. 로마네–꽁티 지역에서는 오래전부터 와인이 생산되었으며, 1760년 경매를 통해 꽁티 왕자가 이 포도원을 거액에 인수하였다. 이후 '로마네–꽁티'라는 명칭이 붙여졌다. 꽁티 왕자는 소유 당시 와인을 외부에 판매하지 않고 전량 자체 소비용으로 사용했다고 전해진다. 그러나 프랑스 대혁명기에 국가에 몰수되어 1791년 민간에 매각되었고, 이미 그때부터 최고의 와인을 생산할 수 있는 포도원으로 인정받고 있었다.

▼ 그랑 크뤼 로마네 꽁티 십자가상

떼루아-산지

로마네-꽁티 포도원은 최고의 그랑 크뤼들 사이에 자리한, 말 그대로 보석 같은 존재이다. 포도밭은 얕은 울타리 또는 좁은 밭길로 이웃 포도원들과 경계를 이룬다. 남쪽으로는 라 그랑드 뤼, 동쪽으로는 로마네 쌩-비방, 북쪽으로는 리쉬부르, 서쪽으로는 라 로마네와 돌담 또는 샛길을 사이에 두고 접하고 있다.

지형은 인근 그랑 크뤼들과 크게 다르지 않지만, 와인의 품질에 있어 분명한 우위를 보인다. 해발 약 260미터 지점의 완만한 동향 경사면에 자리하고 있다. 토양은 주로 갈색 석회암 기반에 고운 점토가 섞여있고, 토심은 약 60센티미터로 적당한 깊이를 이룬다. 그 아래에는 쥐라기 중기에 형성된 단단한 석회암층이 자리한다. 포도밭의 서쪽은 태양광을 더 많이 받아 따뜻하고, 표층의 점토 성분이 포도나무 뿌리에 풍부한 영양분을 공급하여 포도알의 품질과 성숙도를 높인다. 이처럼 로마네-꽁티는 포도가 완벽하게 익어가는 이상적인 자연환경을 갖추고 있다.

와인 특성

로마네-꽁티는 신이 내린 와인으로 불리며, 부르고뉴를 넘어 프랑스 최고의 와인으로 평가받는다. 이 와인의 특성을 세세히 설명하려는 시도조차 그 특별한 체험이 주는 감동을 희석시킬 수 있다. 로마네-꽁티의 본질은 짙은 농축미와 그에 따르는 탁월한 우아함에 있다. 매끄러운 균형감과 고귀한 질감이 조화를 이루며, 자연스러운 격조를 유지한다.

아름다운 루비빛 색조를 지니며, 제비꽃과 야생 장미가 어우러진 섬세한 향을 발산한다. 숙성이 진행되면서 장미향이 더욱 깊어지고, 질감은 공단처럼 부드러워지며 전체적인 조화로움이 극대화된다. 양조 초기의 젊은 와인조차 뛰어난 품질을 보이며, 8~10년 이상의 숙성을 거치면 놀라운 품질의 도약을 이룬다. 오랜 숙성을 거친 로마네-꽁티는 생명을 치유하는 명약에 비유된다.

❻ 라 로마네 La Romanée

'로마네'라는 명칭은 1651년에 처음 등장했다. 이 포도밭은 원래 로마네-꽁티와 함께 하나의 포도원으로 묶여있었지만, 1760년 로마네 대부분이 매각되어 로마네-꽁티라는 새 이름을 얻었을 때, 나머지 구역이 '라 로마네'라는 이름으로 분리되었다. 고대 로마와 관련된 이름이 붙은 이유는 명확하지 않다. 이전에는 '오 상티에 드 쁘레트르Au Sentier de Prêtre, '사제의 오솔길''로 불렸고, 이어 '오-드쉬 드 라 로마네Au-dessus de la Romanée'로도 명명되었다. 1791년 경매 기록에서는 '앙 라 로마네En la Romanée'로 표기되어 있다.

1826년 루이 리제르-벨에르Louis Liger-Belair가 이 포도밭을 매입하며 '칼집 속의 칼'에 비유했는데, 이는 숨어있는 보석 같은 가치를 의미한다. 0.85헥타르 면적의 라 로마네는 프랑스에서 가장 작은 그랑 크뤼이자, 또한 그 자체로 가장 작은 AOC 단위 포도원이다.

떼루아-산지

라 로마네 포도밭은 동서로는 폭이 좁지만 남북으로 길게 뻗어있다. 언덕 중간 지점에 자리하며, 로마네-꽁티 포도밭과는 낮게 쌓은 돌담을 사이에 두고 구분된다. 포도밭 위쪽은 프리미에 크뤼 '오 레이뇨Aux Reignots'와 경계를 이룬다. 로마네-꽁티와 마찬가지로 이곳의 토양은 석회석 자갈이 풍부한 표토 아래, 점토와 석회석이 섞인 층이 약 50센티미터 깊이로 자리하고 있다.

▲ 그랑 크뤼 라 로마네 포도밭

이회토 계열의 석회암이 주를 이루며, 석회석에 포함된 점토 비율은 35~40%에 달해 로마네-꽁티보다 다소 높은 편이다.

라 로마네와 로마네-꽁티 포도밭 사이에는 와인 맛에 영향을 줄만한 떼루아나 위상적 차이는 거의 없다. 다만, 라 로마네 포도밭의 맨 윗부분은 경사가 더 가파르며 경사각 약 12도, 프레모 석회암이 노출된 곳이 많다.

와인 특성

라 로마네 와인은 강한 미네랄 향과 고상한 짜임새를 지니면서도, 칼집 속에 숨은 칼날처럼 예리함과 우아함을 동시에 품고 있다. 젊을 때는 다소 날카롭게 느껴지지만, 시간이 흐를수록 검은 과일 향과 제비꽃 향, 향신료 향이 복합적으로 어우러지며 풍부한 풀바디 와인으로 발전한다. 구조감은 탁월하면서도 안정적이며, 벨벳처럼 부드러운 질감을 완성한다.

와인의 품질에 있어 라 로마네와 로마네-꽁티 사이에는 본질적인 차이가 거의 없다. 다만, 성격상 라 로마네는 보다 직선적이고 남성적인 인상을 주며, 탄탄한 바디감을 갖추고 있다. 잠재된 탄닌은 장기 숙성을 통해 더욱 세련되게 발전할 수 있는 여지를 품고 있다. 라 로마네는 최고의 그랑 크뤼 와인 가운데 하나로서 당당히 자리하고 있다.

❼ 라 그랑드 뤼 La Grande Rue

현재 라 그랑드 뤼로 불리는 포도원은 고대 갈리아-로마 시대에도 포도 재배가 이루어졌던 것으로 전해진다. 포도밭 이름인 '그랑드 뤼'는 본 로마네에서 남서쪽 쇼Chaux 마을로 이어지는 국도와 평행한 또 다른 도로에서 유래하였다. 이 포도밭은 한때 교회와 귀족들이 소유하고 있었으나, 1791년 일반인에게 분양되어 마레Marey 가문이 인수하였고, 1933년에 앙리 라마르슈Henri

▲ 그랑 크뤼 라 그랑드 뤼 포도밭

Lamarche의 단독 소유가 되었다. 지역 포도밭 등급 재조정 과정에서 1992년에야 비로소 그랑 크뤼로 공식 승격되었다.

떼루아-산지

1.65헥타르의 작은 포도밭 라 그랑드 뤼는 로마네-꽁티와 라 따슈 포도원 사이에 샌드위치처럼 끼어있다. 동서 방향으로 폭이 좁고 길게 뻗어있으며, 서쪽 언덕 부분은 길고 날씬한 반면, 동쪽 아래는 넓고 듬직하여 전체적으로 와인 디캔터를 닮은 형상을 이룬다.

로마네-꽁티와는 작은 길 하나만을 사이에 두고 있지만, 와인 가격 측면에서는 현격한 차이가 있기에, 와인 애호가들 사이에서는 '가난한 자들의 로마네-꽁티'라고도 얘기된다. 하지만, 떼루아는 뚜렷하게 다르다. 기반암은 쥐라기 중기에 형성된 석회암이며, 포도밭은 해발 260~300미터의 언덕을 따라 길게 이어진다. 위쪽으로 갈수록 경사가 가팔라지고, 아래쪽 마을 방향으로는 점차 완만해진다. 이러한 경사면 덕분에 햇빛을 풍족히 받을 수 있어 피노 누아 재배에 이상적인 조건을 갖추고 있다.

195

와인 특성

라 그랑드 뤼 와인은 고운 루비빛을 띠며 제비꽃과 라즈베리 아로마를 지닌다. 초기에는 다소 딱딱하고 엄격한 인상을 주지만, 시간이 흐를수록 잠재력을 드러낸다. 숙성이 진행되면서 복합적인 부케를 품으며 안정된 구조감을 갖추게 된다. 완숙기에 접어들면 벨벳처럼 부드러운 질감과 함께, 힘차고 세련된 본-로마네 그랑 크뤼 와인의 진수를 보여준다. 도멘 라마르슈는 수확량을 줄이고 엄선된 포도만을 사용하며 와인 품질 향상에 힘을 쏟고 있다.

❽ 라 따슈 La Tâche

라 따슈라는 지명은 프랑스어로 '일' 또는 '작업'을 뜻하는 'tâche'에서 유래하였다. 이는 과거 포도밭에서 일꾼들을 일당제나 시간제로 고용했던 전통을 반영한다. 한때 로마네-꽁티 와인이 외부 유통이 없던 시절에는, 라 따슈가 부르고뉴 최고의 포도원으로 인정받았다. 1930년대 등급 조정 당시에는 프리미에 크뤼로 분류되었으나, 1936년 정식으로 그랑 크뤼로 승격되었다. 라 따슈 포도원은 두 구역으로 나뉘어 있는데, 남쪽 저지대에는 1.4헥타르 규모의 라 따슈 구역이, 북서쪽에는 4.6헥타르 규모의 레 고디쇼 Les Gaudichots 구역이 있다.

떼루아-산지

라 따슈 포도원은 피노 누아 품종의 잠재력을 최대한 발휘할 수 있는 최고의 떼루아로 평가된다. 북쪽으로는 라 그랑드 뤼, 남쪽 끝으로는 뛰어난 프리미에 크뤼인 오 말콩소르와 맞닿아 있다. 해발 250~300미터에 이르는 좁고 길쭉한 언덕 지형으로, 상부는 경사가 가파르며 마을 방향으로 내려갈수록 점차 완만해진다. 동쪽을 향해 부드럽게 경사진 덕분에 햇빛을 충분히 받을 수 있는 이상적인 입지를 갖추고 있다.

포도밭의 지질은 세 가지 주요 암반층으로 나뉜다. 언덕 상단부는 프레모 석

▲ 그랑 크뤼 라 따슈 포도밭

회암, 3분의 1 지점 부위는 셰일 석회암 지대, 그리고 중간부터 아랫부분은 이회토 지대가 펼쳐진다. 토양에는 돌이 많아 배수가 뛰어나며, 포도 뿌리가 깊이 뻗을 수 있는 환경을 제공한다.

와인 특성

라 따슈 와인은 이웃의 경쟁자들과 어떤 차별점을 갖는가? 라 따슈 와인은 굳건한 짜임새에 짙은 과일 향을 지니면서도, 탁월한 균형감으로 안정된 스타일을 보여준다. 반면 리쉬부르는 크기와 질감 면에서는 유사하지만, 세련미에서는 라 따슈에 다소 미치지 못한다.

라 따슈는 리코리스 향이 복합된 아로마를 지니며, 젊은 시기에도 힘과 에너지가 넘친다. 단순히 알코올의 강도가 아니라, 화려하고 풍부한 깊이를 품고 있다. 예외적으로 장기 숙성이 가능하며, 충분히 숙성된 라 따슈는 벨벳처럼 부드러운 질감과 함께 따라올 수 없는 섬세함, 그리고 매우 긴 여운을 선사한다.

본-로마네 마을의 주요 생산자

도멘 안느 그로 Domaine Anne Gros

약 6헥타르 규모의 포도밭을 보유한 도멘 안느 그로는, 보석처럼 귀한 와인을 생산하며 명성을 쌓아왔다. 그녀의 와인은 우아함과 조화를 갖춘 부르고뉴 스타일의 모범이라 할 만하다. 리쉬부르와 크로 빠랑뚜 위쪽, 북향의 레 바로 Les Barreaux 포도원에서 얻은 과실로 빚는 본 로마네 빌라주 와인은 특히 주목할 만하다. 안느 그로는 특히, 오래된 포도나무에 깊은 애정을 갖고 있다. 100년이 넘은 고목에서 수확한 포도로 진하고 파워풀한 풍미를 가진 와인을 만들어 낸다. 뿐만 아니라, 유기농과 생체역학적 농법에도 관심을 갖고, 일부 실천 중이다. 그녀의 와인은 대부분 사전 예약을 통해 빠르게 소진될 정도로 인기가 높다.

도멘 라마르슈 Domaine Lamarche

라마르슈 가문은 18세기 중엽 본 로마네에 정착해 도멘을 이어왔으며, 지금까지 주로 여성들이 경영을 주도해 왔다. 현재는 사촌인 나딸리Natalie와 니콜Nicole이 함께 운영 중이다. 도멘의 포도원은 기본적으로 유기농법에 따라 관리되며, 일부 생체역학적 방식을 병행하지만 라벨에 별도 표기하지는 않는다. 수확은 손으로 이뤄지며, 전체 포도의 약 70%는 포도알만, 30%는 송이째, 대형 목제 통에서

발효한다. 발효 과정은 약 5주가 소요되며, 이후 오크통에서 16~20개월 숙성된다. 그랑 크뤼 와인은 새 오크 비율이 약 50%이다. 라마르슈는 강하고 떫은

와인 대신, 균형과 우아함을 갖춘 세련된 스타일을 추구한다. 도멘의 대표 와인 라 그랑드 뤼 그랑 크뤼는 섬세하고 우아한 스타일이 특징이다. 이국적 향신료와 허브 아로마가 매혹적이며, 적당한 탄닌이 구조감을 뒷받침한다. 목넘김 이후에도 긴 여운이 우아하게 이어진다.

도멘 뒤 꽁뜨 리제르-벨에르 Domaine du Comte Liger-Belair

도멘의 이름은 나폴레옹 시대에 활약한 루이 리제르-벨에르Louis Liger-Belair 장군에서 유래한다. 1933년 가문 소유의 영지가 매각되었으나, 후손인 루이-미셸 리제르-벨에르 자작이 인수하여 복원했다.

루이-미셸은 우수한 와인의 핵심이 포도밭에 있다고 믿으며, 2005년부터 기계 대신 말과 쟁기를 이용해 토양을 되살리는 전통 방식을 채택했다. 양조 과정에서도 자연스러운 풍미를 보존하는 것을 중시한다. 본 로마네 끌로 뒤 샤또 빌라주 와인은 공단처럼 부드러운 질감과 생생한 과일 향, 긴 여운이 매력적이다. 레 쉬쇼 프리미에 크뤼는 농밀하고 조화로운 과일 풍미를 보여준다.

도멘 조르주 뮈네레-지부르 Domaine Georges Mugneret-Gibourg

이 도멘은 조르주 뮈네레와 부인 쟈끌린이 운영해 왔으며, 현재는 딸 마리-크리스틴과 마리-앙드레 자매가 함께 이끌고 있다. 본 로마네에 기반을 두고 있지만, 꼬뜨 드 뉘 곳곳에 포도원을 보유하고 있다. 대표적으로 에셰조1.24헥타르와 뤼쇼뜨-샹베르탱0.6헥타르 포도밭에서 뛰어난 와인이 생산된다.

도멘 인근 라 꼴롱비에르La Colombiere 포도 원에서는 본 로마네 빌라주 와인이 만들어진 다. 매년 일부 포도나무를 갱신하며, 오래된 나무와 어린나무의 포도를 함께 양조해 균형 을 꾀한다. 포도는 줄기를 제거한 후 콘크리트 발효조에서 발효하고, 이후 오크 배럴 숙성 과 정을 거친다. 그랑 크뤼는 70%, 빌라주 와인 은 20% 비율로 새 오크통에서 숙성시킨다.

도멘 드 라 로마네-꽁티 Domaine de la Romanée-Conti

도멘 드 라 로마네-꽁티DRC는 전 세계에서 가장 명성이 높은 와인 생산자 로, 부르고뉴를 대표하는 도멘이다. 화려한 샤또나 대저택은 없지만, 이 도멘 은 외부 노출을 최소화하며, 조용하고 치밀하게 운영된다.

1760년, 꽁티 왕자 루이-프랑수아 드 부르봉Louis-François de Bourbon이 이 포 도원을 매입하며 '로마네-꽁티'란 이름이 붙었다. 프랑스 대혁명 후 국가 소유 로 넘어갔다가, 1869년 자끄-마리 뒤보-블로셰Duvault-Blochet가 인수해 현재 의 도멘 기반을 세웠다. 현 대표 오베르 드 빌렌Aubert de Villaine은 뉴욕 생활을 거쳐 부르고뉴로 돌아와 포도 재배와 양조에 헌신해 왔다.

수확 시 직접 기계를 다루며 최상의 포도를 선별하고, 포도는 포도송이째로 대형 나무통에서 발효된다. 숙성에는 프랑수아 프레르François Frères사의 오크 배럴을 사용하며, 맛을 좋게 하며 보존성을 높이기 위해 행하는 일련의 엘르 바쥬élevage 작업도 정성스럽게 수행한다. DRC는 로마네-꽁티와 라 따슈라는 두 단독 소유모노폴 포도원을 갖고 있다. 라 따슈는 6헥타르 규모로 로마네-꽁 티보다 약 4배 넓어 생산량이 많고 가격도 다소 합리적이다. 이외에도 리쉬부르3.51헥타르, 로마네-쌩-비방5.29헥타르, 에셰조, 그랑 제셰조 포도원 등을 보유하며, 2008년부터는 꼬르통 지역에서도 포도를 재배하고 있다. 오베르 드 빌렌의 후계자로 사촌 베르트랑 드 빌렌이 합류해 도멘의 미래를 준비하고 있다.

도멘 엠마뉘엘 루제 Domaine Emmanuel Rouget

도멘 엠마뉘엘 루제는 전설적인 와인메이커 앙리 쟈이예 Henri Jayer의 조카인 엠마뉘엘 루제가 설립한 도멘이다. 그는 삼촌 밑에서 포도 재배와 양조 기술을 익힌 후, 자신의 이름으로 도멘을 운영해 오고 있으며 현재 두 아들도 함께 일하고 있다.

도멘은 사비니-레-본 Savigny-lès-Beaune에 숨겨진 보석 같은 포도밭을 소유하고 있으며, 에셰조 포도원에서는 구조감과 안정감이 돋보이는 뛰어난 품질의 와인이 만들어진다. 양조 과정은 상황에 따라 포도송이 비율을 조정해 콘크리트 발효조에서 29도 이하 온도로 진행하며, 고급 와인은 100% 새 오크통, 기타 와인은 약 30% 새 오크를 사용해 숙성시킨다. 앙리 쟈이예의 노력으로 명성을 얻은 본-로마네 프리미에 크뤼 크로 빠랑뚜 포도원에서는 섬세한 향미가 여러 층을 이루며, 깊이 있고 진한 농도의 매혹적인 와인이 탄생한다.

8. 뉘-쌩-조르주 Nuits-Saint-Georges

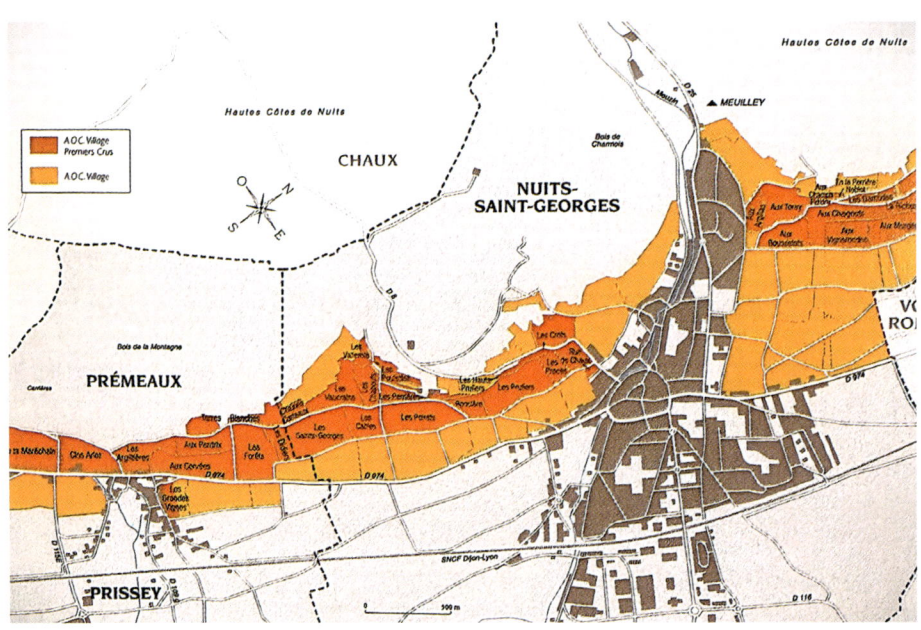

그랑 크뤼 포도원이 즐비한 본-로마네를 지나 남쪽으로 내려가면, 상대적으로 지명도가 낮은 뉘-쌩-조르주 마을에 이른다. 이곳은 꼬뜨 드 뉘 지역의 가장 남단에 자리한 AOC 빌라주로, 북쪽의 뉘-쌩-조르주 구역과 남쪽의 프레모-프리세 Premeaux-Prissey 구역으로 나뉜다. 포도밭 전체 면적은 약 300여 헥타르에 달하며, 그랑 크뤼 끌리마는 없지만 마을 포도밭의 절반 가까이나 프리미에 크뤼 등급으로 지정되어 있다. 프리미에 크뤼 끌리마 개수는 무려 41개로, 이는 꼬뜨 도르의 다른 마을들과 비교해도 압도적으로 많은 수치다. 마을 이름은 서기 1000년경, 이 지역의 고급 포도원인 레 쌩-조르주Les Saint-Georges에서 유래되었다.

하위 구역별 주요 프리미에 크뤼로는, 뉘-쌩-조르주 구역의 레 쌩-조르주, 레 까이예Les Cailles, 레 보끄랭Les Vaucrains, 오 뮈르제Aux Murgers, 오 부도Aux Boudots가 있다. 프레모-프리세 구역에서는 끌로 드 라 마레샬Clos de la Maréchale과 끌로 드 라를로Clos de l'Arlot가 특히 유명하다. 이 가운데 끌로 드 라 마레샬은 9.55헥타르 규모의 포도원으로, 오랫동안 도멘 페블레Faiveley에서 임차해 운영해 왔으나, 2004년부터는 원래의 단독 소유자인 도멘 자끄 프레데릭 뮈니에Jacques-Frédéric Mugnier가 직접 관리하고 있다.

마을 남단으로 가면 꼬뜨 도르 지형은 꽁블랑시안Comblanchien과 꼬르골로엥Corgoloin 구역에 이르러 좁아지며 암벽 지대에 접어든다. 이곳에는 도멘 다르뒤Domaine d'Ardhuy가 인상적인 건물과 함께 끌로 데 랑그르Clos des Langres라는 단일 포도원을 소유하고 있다.

뉘-쌩-조르주에서는 주로 피노 누아를 이용한 레드 와인이 생산되며, 소량의 샤르도네 화이트 와인도 만들어진다. 이 마을의 레드 와인은 힘차고 견고한 스타일로, 주브레-샹베르탱 와인과 종종 비교된다. 장기 숙성 잠재력이 뛰어나며, 피노 누아 품종의 본질과 포도밭의 떼루아를 정직하게 표현하는 것으로 높게 평가된다.

뉘-쌩-조르주 마을의 대표적인 생산자로는 도멘 페블레Domaine Faiveley가 있다. 1825년에 설립된 이 도멘은 현재 가문의 7대손인 에르완Erwan과 이브Eve 페블레, 두 남매가 함께 도멘을 이끌고 있다. 도멘 페블레 초기에는 포도나 포도주스를 구매해 와인을 양조하여 판매하는 네고시앙으로 시작하였다. 현재는 60개의 아뻴라시옹에 걸쳐서 총 127헥타르의 포도밭을 보유하고 있으며, 그중 그랑 크뤼 포도밭은 12곳에 13헥타르, 프리미에 크뤼 포도밭은 25곳 26헥타르에 달한다.

지금은 페블레 소유 포도밭에서 재배된 포도로 생산하는 와인 비율이 80%에 이른다. 나머지 20%는 여전히 네고시앙 역할을 병행하고 있다. 참고로 레이블에 도멘 페블레라고 적혀있으면 100% 자가 소유 포도밭에서 재배한 포도로 양조한 와인이고, 구매한 포도나 포도즙을 사용한 와인은 조셉 페블레 Joseph Faiveley로 표기한다. 도멘 페블레는 고전적인 부르고뉴 스타일의 양조가로 평가된다. 대부분의 포도밭은 유기농으로 경작하며, 포도 수확 및 선별은 모두 손으로 한다. 양조 단계에서는 사람의 손길이 필요한 부분만 최소한으로 개입한다.

▲ 설립 200주년을 맞은 도멘 페블레

▲ 도멘 페블레 발효탱크 보관실

포도 줄기, 포함할 것인가 vs. 제거할 것인가?!

미니토픽 **4**

포도밭에 와인의 등급이 부여되며, 동일한 끌리마 포도밭의 소유자가 수십 명에까지 이르는 부르고뉴에서, 와인 선택의 중요한 고려 사항은 '생산자가 누구인가'일 것이다. 그런데, 부르고뉴의 최고 생산자들 간에도, 양조 단계에서 포도 줄기를 포함할 것인가, 포함한다면 얼마나 포함시킬 것인가에 대한 생각이 다양하다는 것은 매우 흥미롭다.

포도에서 과즙을 추출하는 과정을 침용maceration이라고 한다. 포도 과즙 속 당분과 발효 이스트의 만남을 촉진하기 위하여 포도 으깨기 작업은 필연적이며, 이는 와인의 품질에 영향을 미치는 매우 섬세한 일이다. 예전에는 사람의 맨발이 담당하였으나, 지금은 '제경 파쇄기'라는 기계를 통해서 줄기를 제거하고 껍질을 으깬다.

수평으로 누워있는 드럼통의 중심에 여러 개의 주걱이 달려있는 샤프트가 있으며, 드럼통과 샤프트는 서로 반대 방향으로 돌면서, 포도를 으깨며 줄기는 통 밖으로 배출된다. 드럼통과 샤프트의 회전 속도를 조정하면서, 줄기 제거와 포도알이 으깨어지는 정도를 조절할 수 있다.

양조 관련 옛 문헌에서도 포도 줄기 이슈는 제대로 다루어지지 않았다. 줄기에는 포도 한 송이의 탄닌 중 약 4분의 1이 담겨있으나, 당분은 일체 없다. 침용 과정에서 포도 줄기가 들어가면 탄닌이 증가하며 와인의 골격이 더 견고해

▲ 제경파쇄기

▲ 제거된 포도 줄기

진다. 반면, 산도는 낮아지게 되며, 줄기 부분이 완전히 익지 않았을 경우에는, 풀 내음을 유발하게 되어 와인이 다소 거칠어진다. 또한, 줄기에 포도의 색소가 침착되기 때문에 와인의 고유 색상도 연해지게 된다.

예전에는 현실적인 배경에서 줄기를 제거하였다. 맨발로 포도를 으깰 때에 줄기를 밟으면 불편하기도 하였고, 줄기의 부피는 포도 한 송이의 3분의 1 정도나 되기 때문에, 포도 찌꺼기층이 차지하는 공간을 가능한 적게 하려는 의도가 반영되었다. 반면, 줄기를 그대로 포함시킬 경우, 으깨어진 포도 사이로 공기 순환을 도와준다는 장점도 얘기된다.

오늘날 생산자는 무엇보다 맛을 가장 중요하게 여긴다. 그런데, 줄기가 어떻게 와인 맛을 향상시키는지는 아직 명확하게 밝혀지지 않았다. 대체로, 줄기의 주된 역할은 탄닌으로 얘기되며, 품종에 따라 다르다고 한다. 전통적으로 피노 누아, 메를로 등과 같이 탄닌이 약한 품종의 생산자 중에는 줄기 옹호론자가 많다.

탄닌은 양뿐만 아니라 그 품질도 중요하다. 거칠고 원색적인 탄닌과 우아하고 품격 있는 탄닌으로 대비된다. 양질의 탄닌은 숙성 과정에서 다른 성분과 조화를 이루면서 부드러워지고, 시간이 갈수록 와인을 더 복합적이고 풍부하게 만드는 중요한 역할을 담당한다.

포도 줄기를 부분적으로 사용하는 생산자도 많은데, 그해의 기후 또는 포도밭과 와인의 품질에 따라서 줄기 사용 비율을 조정한다. 작황이 좋은 경우에는 줄기 사용 비율을 높이는 경향이 있는데, 잘 익은 포도 과즙의 풍미로 인하여 줄기의 영향이 제한적이기 때문이다. 지구 온난화의 여파로 포도 줄기를 사용하기 시작하거나, 사용 비율을 높이는 생산자가 늘고 있다는 사실은 시사하는 바가 크다.

	전송이 발효(whole cluster)	100% 줄기제거(destemmed)
주요 생산자 (도멘)	로마네 꽁티(DRC), 르루아(Leroy), 아르노 라쇼(Arnoux-Lachaux), 비조(Bizot), 필립 파칼레(Philippe Pacalet), 프리에르 로크(Prieuré Roch), 리제르 벨에르(Liger-Belair), 뒤작(Dujac)	뮈네레 지부르(Mugneret-Gibourg), 르네 엥겔(René Engel), 앙리 자이에(Henri Jayer. 1950~1960년대에는 줄기 사용. 1970년대 후반부터 줄기 제거), 엠마누엘 루게(Emmanuel Rouget), 뮈니에(JF Mugnier), 조르주 드 보귀에(Georges de Vogüé)
특징	강한 탄닌으로 강건한 구조감과 복합미. 줄기 특유의 풀 내음 향에서 비롯되는 동양적 향신료 느낌	신선한 과실의 맛과 향. 돋보이는 산미, 부드러운 탄닌
부분 사용	포도 줄기 부분 사용 생산자는 조르주 루미에(Georges Roumier), 아르망 루쏘(Armand Rousseau) 등. 도멘 뒤작은 현재 와인 등급에 따라 사용 비율 조정	

포도 줄기를 사용할 것인지 아닌지의 이슈는, 단순히 줄기 자체의 역할보다는 양조자의 테크닉이 어떻게 작용하는지가 관건일 것이다. 떼루아를 표현하기 위하여 그리고 양조자가 추구하는 개성을 반영하기 위한 과정의 일부이기 때문이다. 어느 방향이 더 나을지는, 충분한 숙성을 거친 후 시음적기의 정점에서 판단할 것이다. 어느 경우이든 모두 맛있다면 양조자와 와인 애호가 어느 누구이든 아무도 손해 볼 것은 없지 않은가. **(이종영)**

그랑 크뤼 꼬르통의 가을 황금 언덕

제6장

꼬뜨 드 본

꼬뜨 드 뉘에서 남쪽으로 내려가다 보면 꼬르통 언덕이 보이는데, 이곳이 바로 꼬뜨 드 본의 시작점이다. 부르고뉴는 물론, 프랑스에서도 가장 중요한 와인 생산 지역 중 하나이고, 면적상으로는 꼬뜨 드 뉘의 2배에 달한다. 전 세계에서 가장 비싼 화이트 와인을 생산하는 몽라셰를 비롯해 꼬르통 그랑 크뤼 포도밭이 모두 여기에 포함된다.

지도로 보는

꼬뜨 드 본 AOC 마을

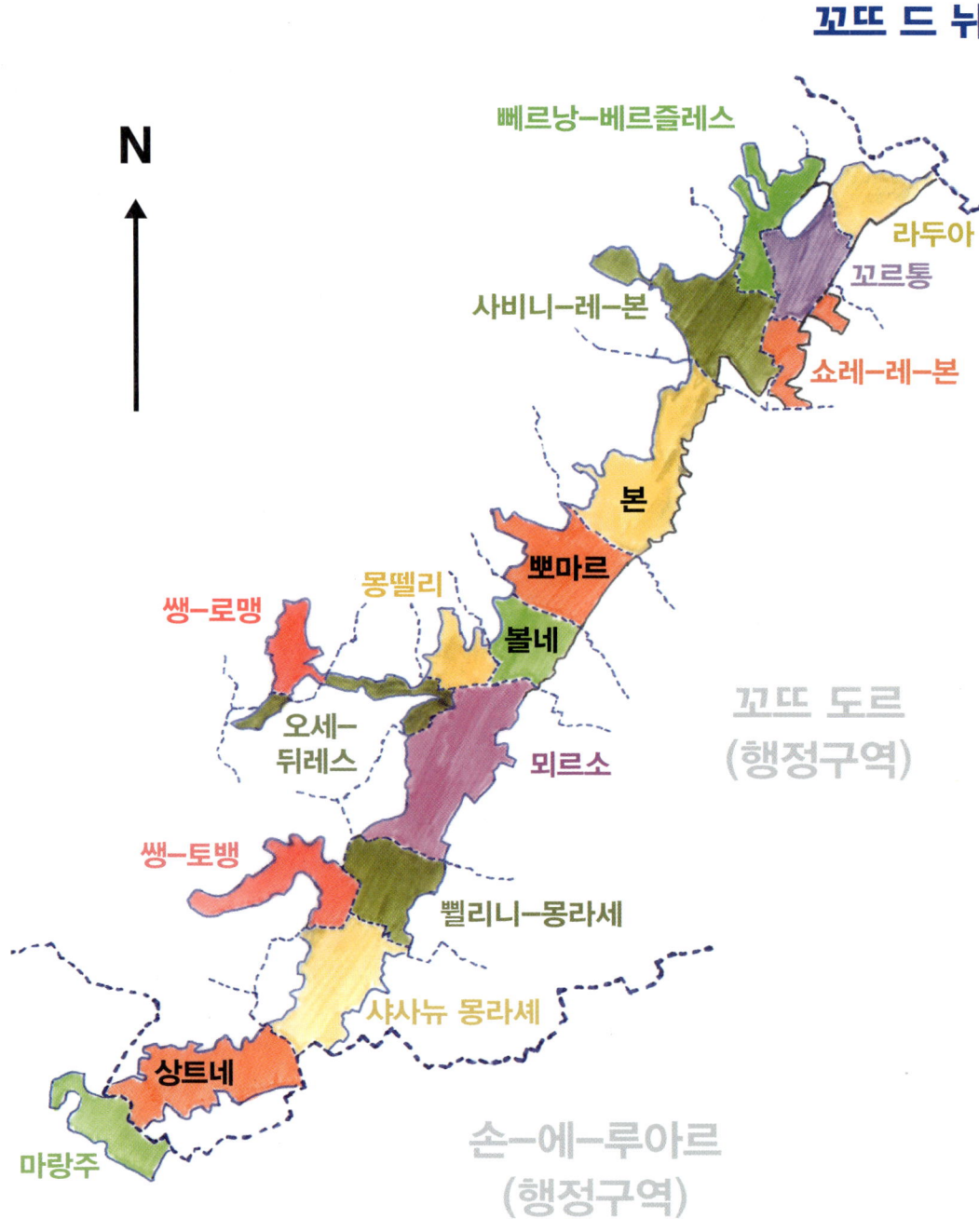

1.
빼르낭-베르즐레스 *Pernand-Vergelesses*

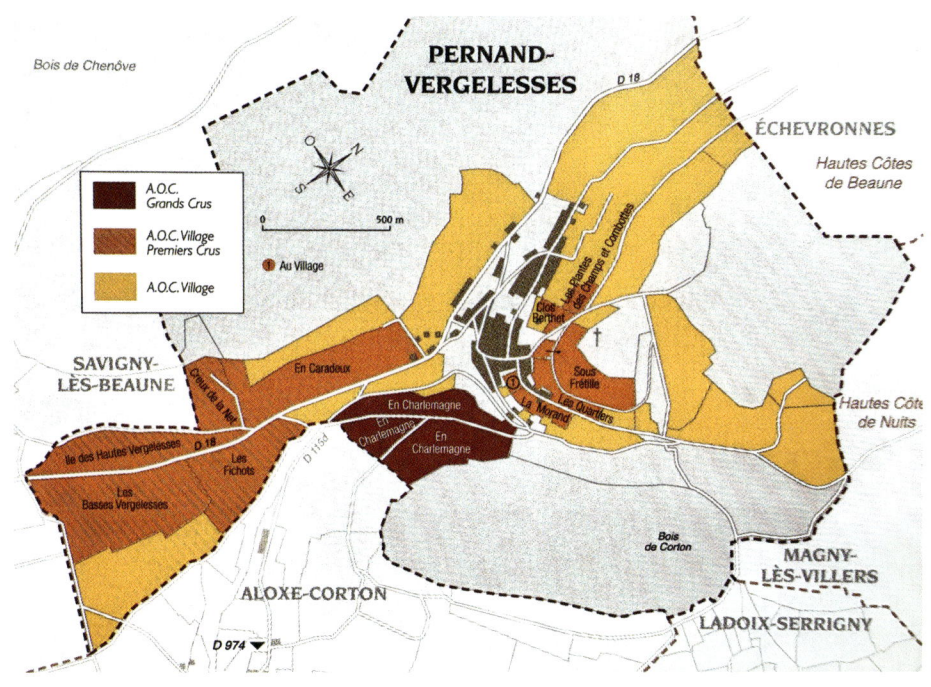

빼르낭-베르즐레스는 꼬뜨 드 본의 북쪽 끝에 위치한 마을로, 꼬르똥 언덕 서쪽 면에 위치한다. 1936년 이래 자체 아뻴라시옹을 보유하고 있으며, 피노 누아 품종으로 만든 레드 와인과 샤르도네 품종으로 만든 화이트 와인 모두 생산

한다. 서쪽으로는 사비니-레-본, 동쪽으로는 알록스-꼬르통 마을과 이웃하고 있고, 베르즐레스는 이 마을 남쪽에 위치한 리외디 명칭이다.

서늘한 부르고뉴 기후 특성상, 포도알이 잘 익기 위해서는 충분한 햇볕이 필수요소인데, 이 지역은 꼬르통 언덕 덕분에 거센 바람으로부터 보호받는 대신, 햇볕을 충분히 받지 못한다는 단점이 있다.

한편, 이 마을은 레드 와인보다 화이트 와인이 훨씬 더 높은 평가를 받는다. 샤르도네 품종을 재배하는 데 적합한 토양 조건을 갖춘 덕분에 와인이 숙성되면 부싯돌 느낌의 미네랄이 더욱 잘 느껴진다. 반면, 레드 와인은 약간 덜 익은듯한 풋풋한 풍미, 신선한 맛과 향으로 알려져 있다. 같은 꼬뜨 드 본 지역 내 위치하는 뽀마르, 볼네 마을의 와인과 비교되기도 한다.

최상의 포도밭 구획은 꼬르통 언덕의 경사면에 위치하고, 일정 조건에 부합할 경우 뻬르낭-베르즐레스 프리미에 크뤼 명칭을 사용할 수 있다. 총 8개의 프리미에 크뤼 끌리마가 있으며, 이들 대부분은 1980년대 중반, 프리미에 크뤼 등급으로 분류되었으나 일부는 2001년에 이르러서야 그 지위를 인정받았다.

2.
라두아 Ladoix

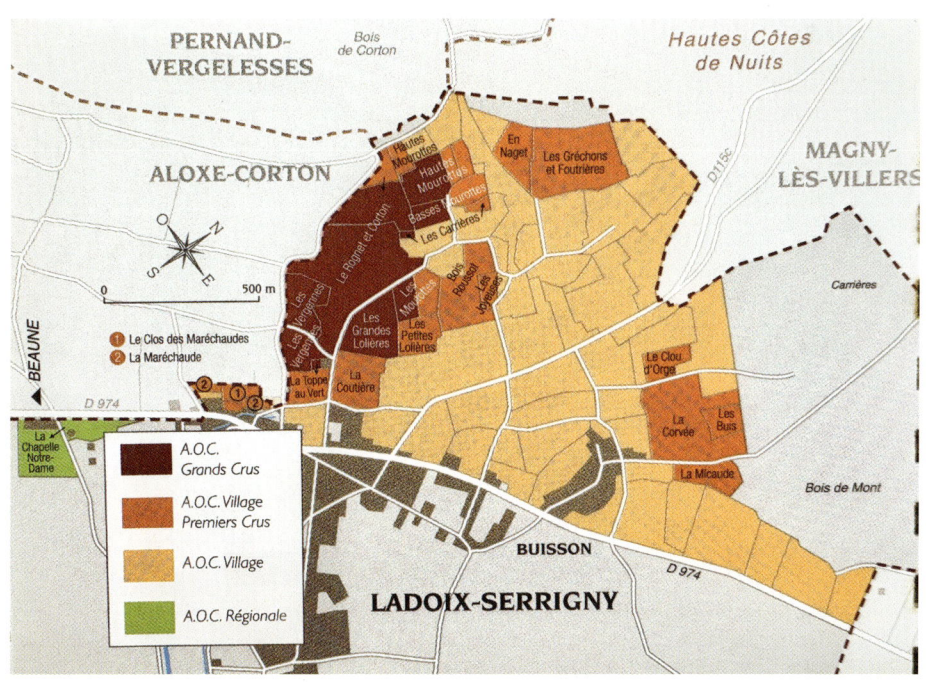

라두아는 꼬뜨 드 본의 북쪽 끝에 있는 라두아-세리니 마을에 속해있는 아뻴라시옹이다. 꼬뜨 드 본에서 유일하게 그랑 크뤼 레드 와인을 생산하는 꼬르통 언덕의 동쪽 경사면 바로 밑에 자리한다. 샤르도네로 만든 화이트 와인과 피노 누아로 만든 레드 와인을 모두 생산하며, 레드 와인 생산량이 약 80%를 차지한다. 한편, 이곳의 아뺄라시옹은 1937년 제정되었다. 1982년, 포도밭을 다시 분류하면서 전체 포도밭의 약 4분의 1이 프리미에 크뤼 지위를 인정받았고, 알록스 꼬르통, 뻬르낭-베르즐레스 마을과 2개의 그랑 크뤼를 공유하고 있다.

참고로 라두아-세리니 포도밭에서 생산한 와인 중 상당량은 라두아 아뺄라시옹 대신, 지역 단위 꼬뜨 드 본-빌라주 라벨을 붙여 판매한다. 그랑 크뤼 아뻴라시옹의 엄격한 조건에 비해 다소 느슨한 규제가 적용되나, 일반적인 부르고뉴 와인보다는 더 높은 품질을 인정받는다. 다시 말해, 라두아에서 생산되는 레드 와인은 라두아 AOC로 출시해도 되고, 지역 전체 명칭과 동일한 꼬뜨 드 본 빌라주 AOC를 사용해도 된다. 반면, 화이트 와인은 이러한 방식이 적용되지 않는다.

3. 알록스 꼬르통 *Aloxe-Corton*

알록스 꼬르통

앞서 언급했듯이, 꼬뜨 드 뉘에서 남쪽으로 내려오면 꼬뜨 드 본의 시작, 꼬르통 언덕이 나타난다. 지평선에서 바라본 꼬르통 언덕은 마치 수도승의 모자처럼 생겼는데, 이 언덕은 뻬르낭-베르즐레스, 알록스 꼬르통, 라두아-세리니 등 세 마을에 걸쳐있다. 꼬뜨 도르 내 위치한 모든 언덕 가운데 가장 외진 곳임에도 불구하고, 언덕의 경사면에 있는 거의 모든 포도밭에서 매우 뛰어난 와인이 생산된다.

꼬르통 언덕은 해발고도 약 250~360미터에 이르고, 이회토가 풍부하여 샤르도네를 재배하는데 완벽한 토양을 자랑한다. 한편, 언덕 아랫부분은 석회질 점토와 규사토 함량이 높아 피노 누아 품종을 재배하는 데 최적의 떼루아를 형성한다. 특히, 언덕의 동쪽 경사면에 위치한 다양한 끌리마에서 유명한 꼬르통 레드 와인이 대부분 생산된다.

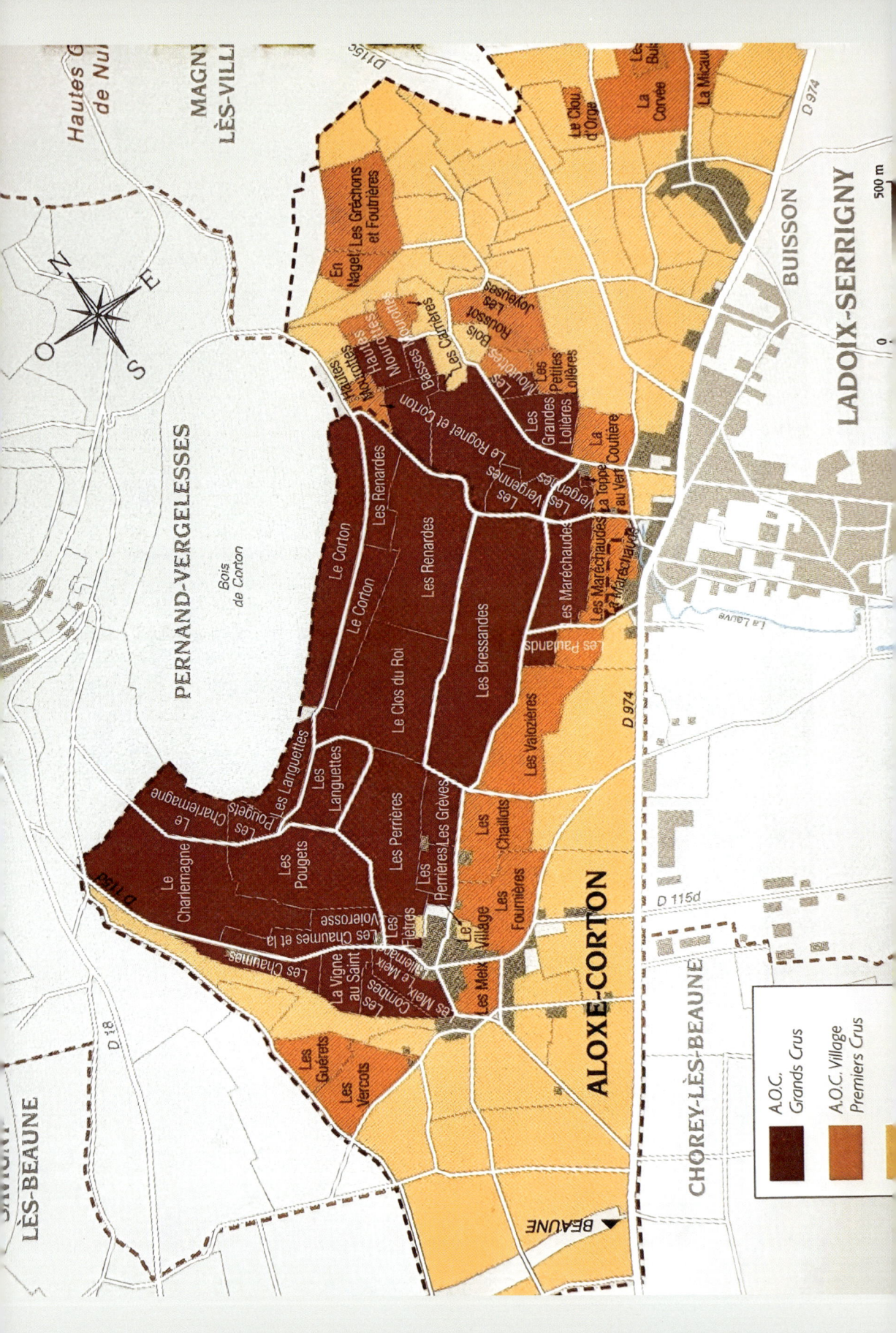

알록스-꼬르통의 그랑 크뤼

- **꼬르통:** 98헥타르 레드, 2.6헥타르 화이트
- **꼬르통-샤를마뉴:** 52헥타르 화이트

알록스 꼬르통 그랑 크뤼는 꼬르통과 꼬르통-샤를마뉴, 이 2개의 AOC로 구성된다. 면적상으로 160헥타르에 달하는 부르고뉴 최대 그랑 크뤼 산지이기도 하다. 예전에는 꼬르통, 꼬르통-샤를마뉴, 샤를마뉴 등 3개의 그랑 크뤼 AOC가 존재했지만, 현재 샤를마뉴 AOC는 사용하지 않고, 꼬르통-샤를마뉴 AOC를 대신 사용하고 있다. 레드 와인과 화이트 와인 모두 생산되는데, 꼬르통은 레드 와인의 품질이 더 좋다고 알려져 있고, 꼬르통-샤를마뉴에서는 화이트 와인만 생산한다. 뛰어난 품질로 유명하다. 만든 지 얼마 안 된 꼬르통-샤를마뉴 와인의 경우, 아직 풍성하고 화려한 느낌이 약한 편이지만 충분히 숙성을 거치면 풍부한 향미를 발산하며 진면목을 드러낸다.

❶ 꼬르통 Corton

꼬르통의 역사를 살펴보면, 갈리아-로마 시대에 이곳에 지역 거점이 있었고, 이를 프랑크족이 이어받았다. 이후에는 시스테리안 수도원 Cistercian monastery 에서 이 지역을 본격적으로 포도원으로 개발하였다. 1212년 작성된 수도원의 기록물에도 이 지역이 언급되어 있다.

한편, 꼬뜨 드 본 지역에서 유일하게 레드 와인 그랑 크뤼를 생산하는 꼬르통은 적포도밭 면적만 98헥타르에 이른다. 샤블리의 경우와 마찬가지로 약 30여 개의 끌리마에서 생산된 와인이 꼬르통 그랑 크뤼 라는 하나의 명칭을 사용한다. 꼬르통에서 생산된 화이트 와인의 경우, '꼬르통 블랑'이라고 표기한다. 이곳의 화이트 와인은 부드럽고 마시기 편한 스타일로, 시간이 지날수록 은은한 견과류 향이 느껴진다.

떼루아-산지

꼬르통 그랑 크뤼의 여러 끌리마는 꼬르통 언덕을 기준으로 알록스-꼬르통 19개, 라두아-세리니 8개, 뻬르낭-베르즐레스 1개 등 세 구역에 걸쳐 존재한다.

- **알록스–꼬르통:** 르 샤를마뉴 Le Charlemagne, 레 뿌제 Les Pougets, 레 랑게뜨 Les Languettes, 르 꼬르통 Le Corton, 레 르나르드 Les Renardes, 레 숌 에 라 부아로즈 Les Chaumes et la Voierose, 레 숌 Les Chaumes, 레 뻬리에르 Les Perrières, 르 빌라주 Le Village, 레 그레브 Les Grèves, 르 끌로 뒤 루아 Le Clos du Roi, 레 브레쌍드 Les Bressandes, 레 뽈랑 Les Paulands, 레 마레쇼드 Les Maréchaudes, 레 피에트르 Les Fiètres, 르 메–랄망 Le Meix-Lallemand, 레 꽁브 Les Combes, 라 비뉴 오 쌩 La Vigne au Saint, 레 메 Les Meix

- **라두아:** 레 까리에르 Les Carrières, 라 또 포 베르 La Toppe au Vert, 레 베르젠느 Les Vergennes, 레 그랑드 롤리에르 Les Grandes Lolières, 레 무또뜨 Les Moutottes, 르 로녜 에 꼬르통 Le Rognet et Corton, 바스 무로뜨 Basses Mourottes, 오뜨 무로뜨 Hautes Mourottes

- **뻬르낭–베르즐레스:** 앙 샤를마뉴 En Charlemagne

쥐라기 시대에 형성된 이곳의 토양은 점토와 석회암이 섞인 이회토의 비율이 높고, 포도밭이 위치한 언덕의 경사가 완만한 편이며, 완만한 형태의 구릉들이 연속적으로 이어진다.

와인 특징

꼬르통 레드 와인은 여러 면에서 꼬뜨 드 뉘의 부조 와인과 닮았다는 평가를 받고 있고, 와인의 위상 또한 부조 와인의 그것에 견줄만하다. 부르고뉴에서 생산된 모든 그랑 크뤼 와인 중, 가장 늦게 오픈해야 하는 장기 숙성형 와인이기도 하다.

색상은 진한 빛깔을 띠고, 처음에는 카시스, 체리 향이 강한 편이다. 그러다 숙성 기간이 5년이 넘기 시작하면 과실 향이 더욱 풍부해지고, 10년 정도 되면, 부드러운 탄닌과 함께 송로버섯, 산짐승 가죽 같은 부케 향을 발산하는 등 명성에 걸맞은 진가를 발휘하기 시작한다.

❷ 꼬르통-샤를마뉴 Corton-Charlemagne

이 지역은 깔끔하고 미네랄이 뛰어난 샤르도네 품종이 잘 자란다. 덕분에 이곳에서 생산된 꼬르통-샤를마뉴 그랑 크뤼는 최상급 화이트 와인으로 손꼽히며, 꼬르통 레드 와인보다 더 높은 가격을 자랑하기도 한다.

꼬르통-샤를마뉴에는 재미있는 전설이 전해 내려온다. 원래 이 지역에서는 주로 적포도가 재배되었다고 한다. 그러나 약 1,000여 년 전, 당시 이곳을 지배하던 샤를마뉴 대제가 레드 와인을 마실 때마다 수염이 지저분해지는 모습을 뤼트가르Luitgarde 왕비가 싫어했고, 이 때문에 왕이 적포도 품종을 뽑아버리고, 대신 청포도 품종을 심게 했다는 것이다. 하지만 실제로 이 지역에 샤르도네 품종을 많이 심기 시작한 것은 불과 100여 년 전부터라, 이 전설이 사실인지 여부는 알 수 없다.

한편, 이곳에는 긴 역사를 가지고 있는 포도밭이 여럿 있다. 왕의 포도밭이라는 뜻을 가진 '끌로 뒤 루아Clos du Roi'는 실제로 과거 왕의 소유였고, 따뜻한 습지를 뜻하는 '마레쇼드Maréchaudes'는 근처에 따뜻한 물이 나는 샘이 있었다고 전해진다.

떼루아-산지

이 지역의 토양은 이회토와 점토가 섞여있다. 먼 옛날 깊은 바닷속 지형이 지각 융기에 의해 대지로 바뀌면서, 그 위에 이회토가 층층이 쌓인 것이다. 즉, 하단부에는 쥐라기 중기에 만들어진 석회석 암반이 자리하고, 그 위에 이회토층이 덮여있다. 뿐만 아니라, 수천 년 동안 축적된 침전물과 점토가 포도밭 경사면 위를 덮고 있다. 점토는 토양을 비옥하게 만들고, 샤르도네 품종이

자라는 데 도움을 준다. 다시 말해, 점토 비율이 높은 이회토와 석회질이 적절하게 섞인 덕분에 샤르도네가 자라는 데 이상적인 조건을 갖춘 것으로 본다.

이곳의 지형은 꼬뜨 드 뉘처럼 모자이크 같은 양상을 띠며, 이에 따라 생산자들은 각 포도밭 구역의 특징에 부합하는 와인을 생산하기 위해 노력 중이다.

와인 특징

꼬르통-샤를마뉴 와인은 과시하기보다는 절제된 인상을 풍기고, 고상하고 귀족적인 느낌을 준다. 뫼르소나 뻴리니-몽라셰 화이트 와인과 비교했을 때 입안에서 느껴지는 구조감도 다르다.

색상은 연한 황금빛을 띠며, 강한 아로마가 특징이다. 처음에는 강한 산미 덕분에 직선적이고 날카로운 느낌을 주지만, 시간이 흐를수록 구운 견과류의 풍미와 버터, 계피, 꿀 향이 나는 등 향과 아로마가 계속 바뀌면서 발전한다. 그리고 알코올 도수가 높고 농도가 진해 오래 보관할 수 있는 몇 안 되는 화이트 와인에 속한다. 풍부한 미네랄에 크리미한 질감이 더해져 풀바디 화이트 와인의 면모를 제대로 보여준다. 숙성 기간을 충분히 오래 거칠수록 떼루아가 가진 복합적인 면을 세련된 방식으로 잘 표현한다.

알록스 꼬르똥의 주요 생산자들

도멘 슈발리에 뻬르 에 피스 Domaine Chevalier Père et Fils

이 도멘은 1850년에 설립되었고, 처음에는 가메 위주로 포도를 재배하다 뒤늦게 피노 누아를 심기 시작했다. 원래 명칭은 도멘 슈발리에였으나, 후에 아버지와 아들이라는 뜻의 '뻬르 에 피스'를 도멘 이름 뒤에 덧붙였다. 포도밭 규모는 약 15헥타르에 이른다.

화이트 와인보다 레드 와인 생산량이 많지만 품질 면에 있어서 화이트 와인이 더 뛰어나다. 화이트 와인만 프리미에 크뤼 등급을 생산하고, 이국적인 향과 함께 풍부한 과일 향, 우수한 바디감과 균형감, 깔끔한 피니시 등이 특징이다. 우아하며, 밸런스가 좋은 편이다.

도멘 본노 뒤 마트레이 Domaine Bonneau du Martray

최근 들어 유명세를 타는 도멘 가운데 하나로서, 이곳에서 생산된 와인들은 적당한 무게감을 주면서도 경쾌하고, 지극히 세련된 느낌을 표현한다는 평가를 받고 있다. 프랑스 대혁명 이후 설립되었고, 2017년에는 대다수의 지분이 미국의 부호 스탠리 크렌크Stanley Kroenke에게 넘어갔다. 참고로 그는 미국 캘리포니아에서 스크리밍 이글Screaming Eagle, 조나타Jonatha, 더 힐트The Hilt 등의 와이너리를 소유하고 있다.

비오디나믹biodynamic 방식을 도입해 관리하고 있으며, 2014년에는 이와 관련된 공식 인증도 받았다. 이 방식은 포도밭 관리뿐만 아니라, 양조 과정에서도 마찬가지로 적용된다. 만드는 과정을 살펴보면, 청포도를 천천히 압착하여 얻은 과즙을 안정시킨 뒤 발효를 진행하고, 발효 과정을 다 마친 와인은 약 1년 정도 오크통에서 숙성한다. 이때, 뉴 오크통의 비율은 약 40%이다.

4.
사비니-레-본 Savigny-lès-Beaune,
쇼레-레-본 Chorey-lès-Beaune

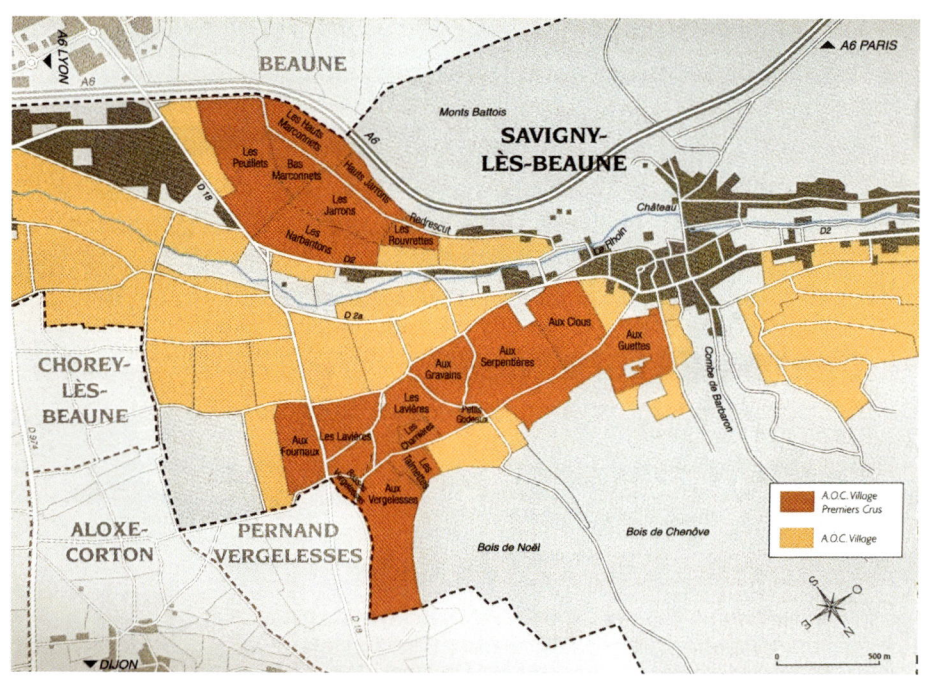

꼬르통 언덕 남쪽으로는 D74번 국도를 사이에 두고 사비니-레-본 마을과 쇼레-레-본 마을이 마주 보고 있다. 사비니-레-본 마을은 꼬뜨 드 본 지역 북부에 위치한 제법 큰 마을로, 꼬뜨 도르 급경사면 아래쪽에 위치한 계곡의 언덕에 자리한다.

이곳에서는 거의 대부분 피노 누아로 만든 레드 와인을 생산하며, 이곳 AOC 의 약 10%는 샤르도네로 만든 화이트 와인이다. 와인 스타일에 있어서는 이웃하는 본 마을의 그것과 닮아있다. 볼네 와인만큼 우아하지도 않고, 뽀마르 와인만큼 파워풀하지도 않지만 일반적으로 가성비가 뛰어나고, 품질이 괜찮다는 평을 받는다. 뿐만 아니라, 와인 생산량에 있어서도 뫼르소, 주브레-샹베르탱, 본 마을 다음으로 많은 양을 생산한다. 여기에는 사비니-레-본 마을의 지정학적 위치가 큰 역할을 한다. 마을의 남쪽으로 바로 흘러들어 가는 루엥Rhoin강에 의해 형성된 계곡은, 품질 좋은 포도밭을 경작하기에 알맞은 남향 경사면을 제공한다. 그리고 이 경사면이 동쪽으로 완만하게 이어지면서 아래쪽으로 평야가 펼쳐진다. 한편, 북쪽과 서쪽의 경계 지역에서는 품질이 훨씬 우수한 포도 재배가 이루어진다. 이곳이 바로 꼬르통과 바뚜아Battois 언덕이다. 이 중에서도 북쪽 언덕에 자리 잡은 레 라비에르Les Lavières와 오 베르즐레스Aux Vergelesses에서 가장 뛰어난 품질의 와인이 생산된다.

사비니 마을 주변에는 총 22개의 프리미에 크뤼 끌리마가 있다. 이곳 AOC의 약 절반에 해당하는 면적을 차지하고 있고, 크게 두 그룹으로 나뉜다. 하나는 꼬르통 언덕의 반대편 남향 언덕에 자리하고, 다른 하나는 앞서 언급한 바뚜아 언덕 경사면에 위치한다.

쇼레-레-본 지역의 경우, 프리미에 크뤼 포도밭이 한 군데도 없지만 괜찮은 품질과 상대적으로 저렴한 가격 덕분에 가성비가 뛰어난 와인으로 인기를 끌고 있다. 다소 심플한 느낌을 주기도 한다. 포도밭은 꼬뜨 도르 경사면 아래 평야에 위치하고, 사비니-레-본과 마찬가지로 주로 피노 누아 품종으로 만든 레드 와인을 생산한다. 대부분의 와인은 빌라주 와인 또는 꼬뜨 드 본 빌라주 AOC로 판매된다.

한편, 최근 들어 사비니-레-본 마을과 쇼레-레-본 마을이 주목받는 데에는 여러 가지 이유가 있겠지만 그중에서도 지구 온난화의 영향이 매우 크다. 상대적으로 서늘한 지역이라 그동안 뛰어난 품질의 와인을 생산하기 어려웠지만 점

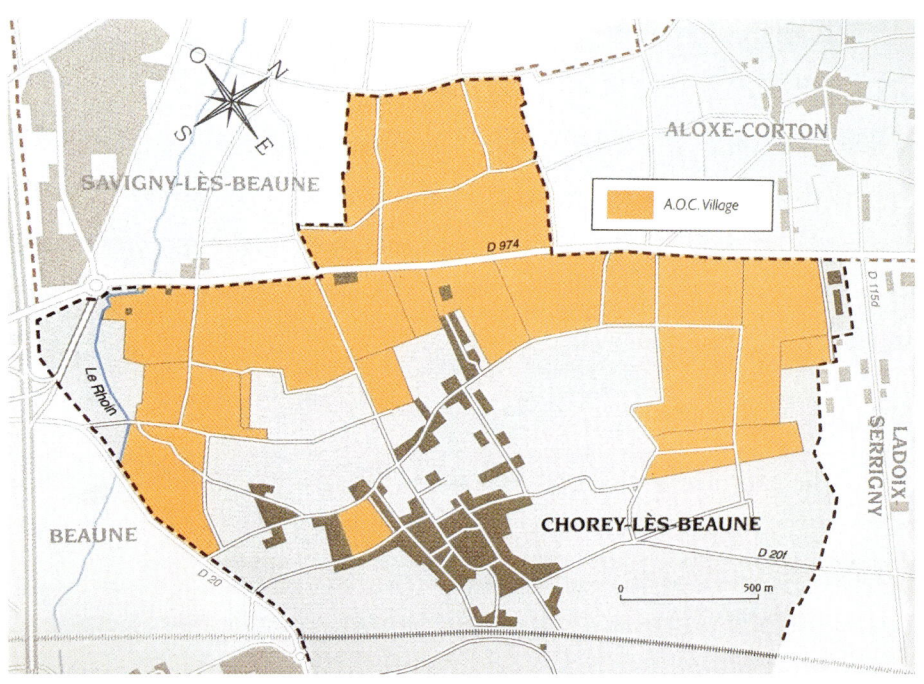

점 기온이 올라가면서 포도가 잘 익는 동시에 산도도 잘 유지되고, 과일 향도 풍부해졌으며, 이전보다 부드럽고 맛있다는 평가를 받기 시작한 것이다.

5.
본 Beaune

본

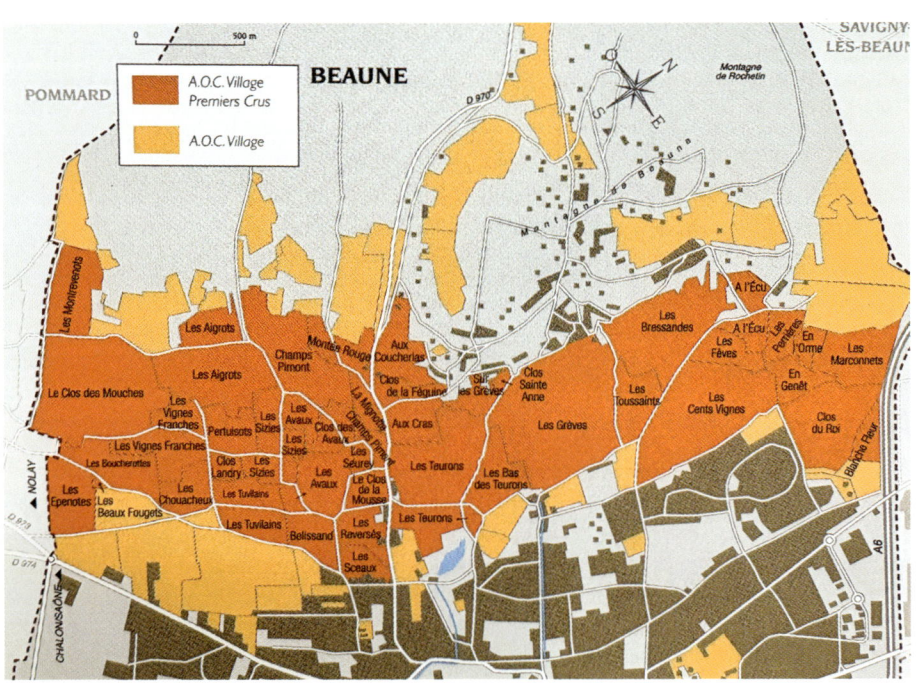

본은 꼬뜨 도르 지역에서 두 번째로 큰 마을이며, 부르고뉴 전체 와인 산업의 중심지이기도 하다. 수 세기 동안 부르고뉴 와인 산업과 밀접한 관계를 맺으며 발전해 왔고, AOC 규제가 만들어지기 이전에는 '본' 이름이 지금보다 더 넓은

지역을 아우르는 일반적인 타이틀로 사용되기도 했다. 1936년 본 AOC를 받은 이후에는 이 지역에서 만든 와인만 본 와인으로 판매된다. 피노 누아 품종으로 만든 레드 와인을 주로 생산하고, 최근에는 샤르도네에 대한 국제적 수요 증가에 맞춰 화이트 와인 생산도 조금씩 늘고 있다.

본의 토양은 꼬뜨 도르 다른 지역보다 모래가 차지하는 비중이 큰 편이다. 토양 내 진흙 비중이 큰 꼬르통이나 뽀마르 마을과 지리적으로는 가깝지만 이들과 비교했을 때, 구조감과 바디감이 살짝 부족하다. 즉, 남쪽의 뽀마르 와인만큼 남성적이거나 파워풀하지 않고, 북쪽의 꼬르통 와인보다 구조감이 떨어진다는 평가를 받기도 한다.

비록 그랑 크뤼는 없지만 매우 넓은 면적의 프리미에 크뤼약 337헥타르를 보유하고 있으며, 프리미에 크뤼 끌리마가 전체 포도밭의 약 4분의 3을 차지한다. 게다가 규모가 큰 몇몇 네고시앙들은 본 지역 내에 자신들의 포도원을 소유하고 있다. 드루엥 사의 끌로 데 무슈Clos des Mouches, 부샤르 뻬르 에 피스 사의 랑팡 제쥐L'Enfant Jésus, 쟈도 사의 끌로 데 쥐르슐르Clos des Ursules 등이 대표적이다.

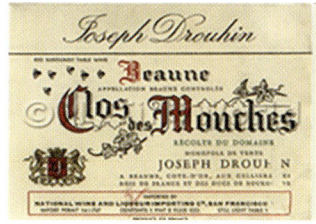  

6.
뽀마르 Pommard

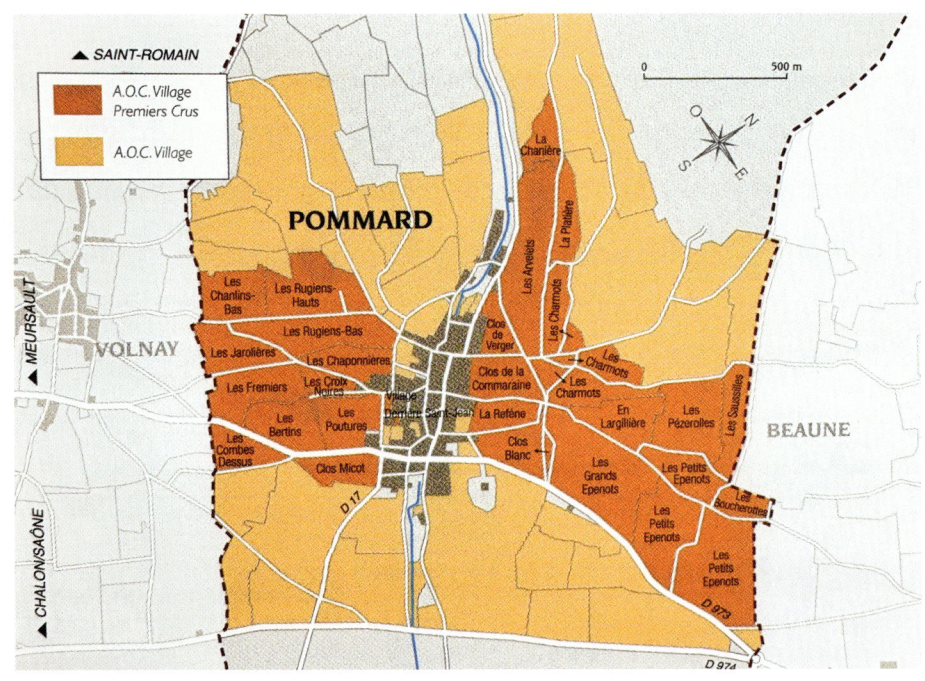

본에서 남쪽으로 벗어나자마자 보이는 곳이 뽀마르 마을이다. 풍부한 향과 파워풀한 뉘앙스를 가진 레드 와인을 생산하는 것으로 유명하다. 남서쪽 인근에 위치한 볼네 마을의 부드럽고 섬세한 레드 와인과는 사뭇 다르다. 이곳의 와인은 낮은 경사면에서 생산됨에도 불구하고, 견고하다는 평가를 받는다.

북으로는 본, 남으로는 볼네 마을의 경계에 이르기까지, 뽀마르는 주택과 도로를 제외한 거의 모든 대지에서 포도 재배가 이루어진다. 거의 대부분 피노 누아를 재배하고, 뽀마르 AOC라 함은 레드 와인만 가리킨다. 완만한 비탈로 된 포도밭이 마을 위쪽으로 이어지고, 마을을 지나쳐 서쪽으로 좀 더 가면 뽀마르 최고의 포도원이 나타난다. 비록 그랑 크뤼는 없지만 총 28개의 프리미에 크뤼가 마을 양쪽의 중간 비탈면에 퍼져있고, 그중에서도 레 제쁘노Les Epenots, 레 뤼지엥Les Rugiens 등을 최고로 꼽는다.

뽀마르 토양의 특징은 표층이 얕아 배수가 잘되고, 미네랄이 풍부하다는 점이다. 토양 타입과 노출의 정도는 다양하지만, 철분과 미네랄 성분이 많이 섞인 덕분에 와인 컬러가 짙고, 알코올과 탄닌이 강한 스타일의 와인이 만들어진다. 예를 들어, 마을의 북동쪽, 즉 본 마을 방향의 토양은 돌이 많고 붉은 진흙과 석회질의 토양이며, 파워풀한 뽀마르 와인으로 손꼽히는 레 제쁘노가 여기에 위치한다. 그리고 마을의 남서쪽, 볼네 방향의 포도밭은 경사가 더욱 가파르고 바위가 많은 편이고, 다소 섬세한 와인이 생산된다. 특히, 레 뤼지엥의 아래, 레 뤼지엥-바Bas 구역이 유명하다. 또한 이 포도원과 이웃하고 있는 또 다른 프리미에 크뤼, 레 쟈롤리에르Les Jarollières도 나름대로 세련된 느낌의 와인을 만든다. 전문가들 사이에서는 에쁘노Epenots, 뤼지엥Rugiens 같은 최상급 포도밭들이 그랑 크뤼 지위로 격상되어야 한다는 의견이 오가기도 한다.

7.
볼네 *Volnay*

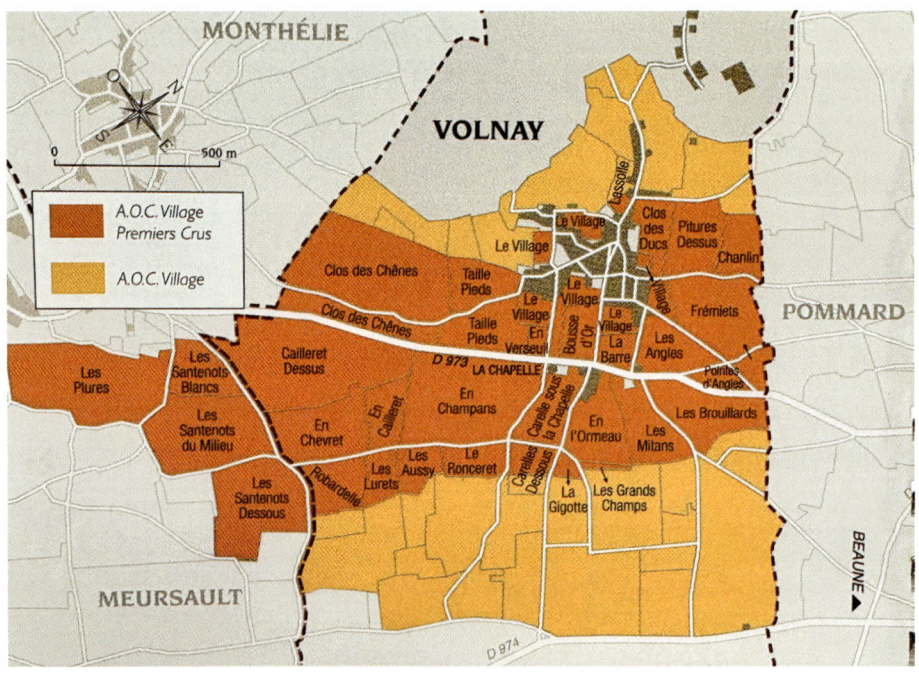

볼네는 가장 부드럽고 섬세한 와인을 만드는 마을로 유명하다. 이웃한 뽀마르와 마찬가지로 피노 누아 품종으로 만든 레드 와인을 주로 생산하고, 세기를 거듭하면서 각 시대의 유행에 따라 뽀마르와 번갈아 가며 인기를 누려왔다. 가령, 강건하고 파워풀한 와인이 유행일 때에는 뽀마르 와인이, 다소 섬세하고 여성적인 느낌의 와인이 유행일 때에는 볼네 와인이 그 무대의 중심에 있었다.

1937년 이래 볼네 AOC를 인정받았고, 이는 레드 와인에만 붙일 수 있다. 화이트 와인의 경우, 뫼르소 AOC를 붙여 판매한다. 그랑 크뤼 포도밭은 없지만 전체 포도밭 절반 이상이 프리미에 크뤼 등급을 받았다. 상트노 밭은 실제로는 뫼르소에 속하는데, 화이트 와인을 만들면 뫼르소 AOC, 레드 와인을 만들면 볼네 AOC로 출시한다.

볼네는 지리적으로는 북쪽의 본, 뽀마르에서 남쪽의 뫼르소, 몽라셰에 이르기까지, 좁고 긴 꼬뜨 도르 급경사면의 중앙 비탈길에 위치한다. 이러한 지형 덕분에 포도나무 배수가 잘되고, 토양 내 석회질이 풍부하며, 또한 남동향이라 아침과 늦은 오후에도 햇볕의 이점을 최대한 누릴 수 있다.

잘 알려진 프리미에 크뤼 포도원 가운데 끌로 데 쉔Clos de Chenes과 따이유삐에Taillepieds 포도원은 해발 300미터 정도 되는 가파른 언덕에 자리 잡고 있으며, 멋진 경치를 자랑한다. 레 까이예레Les Caillerets 포도원은 이들보다 아래쪽에 위치하고 있다. 이 외에도 레 상트노 뒤 밀리외Les Santenots du Milieu의 경우, 뫼르소 지역과 경계선에 걸쳐있기 때문에 레드 와인은 볼네 AOC, 화이트 와인은 뫼르소 AOC로 표기된다는 점이 흥미롭다.

 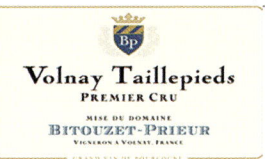 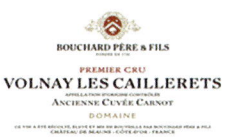 

8.
쌩-로맹 Saint-Romain, 몽뗄리 Monthélie, 오세-뒤레스 Auxey-Duresses

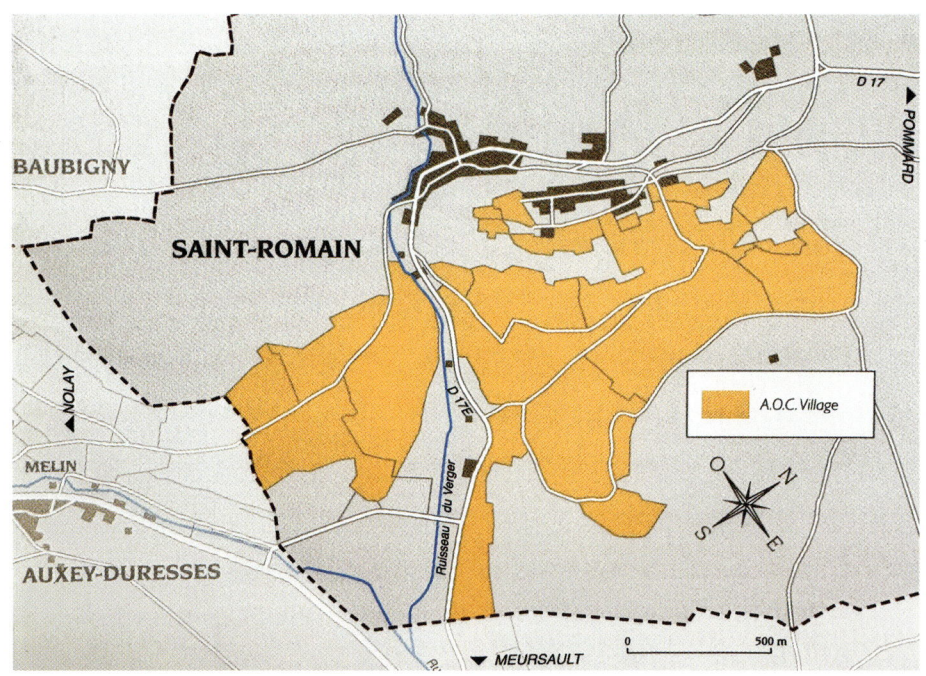

쌩-로맹은 꼬뜨 드 본 지역의 중부에 위치한 작은 마을로, 해발 400미터가 넘는 곳이 있을 정도로 꼬뜨 도르 포도밭 지역 중에서 고도가 가장 높은 편이다. 1947년 이래 자기만의 아뻴라시옹을 사용하며, 피노 누아 품종으로 만든 향기롭고 가

벼운 레드 와인과 샤르도네로 만든 미네랄 가득한 화이트 와인 두 가지 모두 생산한다. 둘 중 화이트 와인 생산량이 훨씬 많다. 해발고도가 높기 때문에 포도가 잘 익는 것이 어려워서 빌라주 AOC만 있고, 프리미에 크뤼 포도원은 없다.

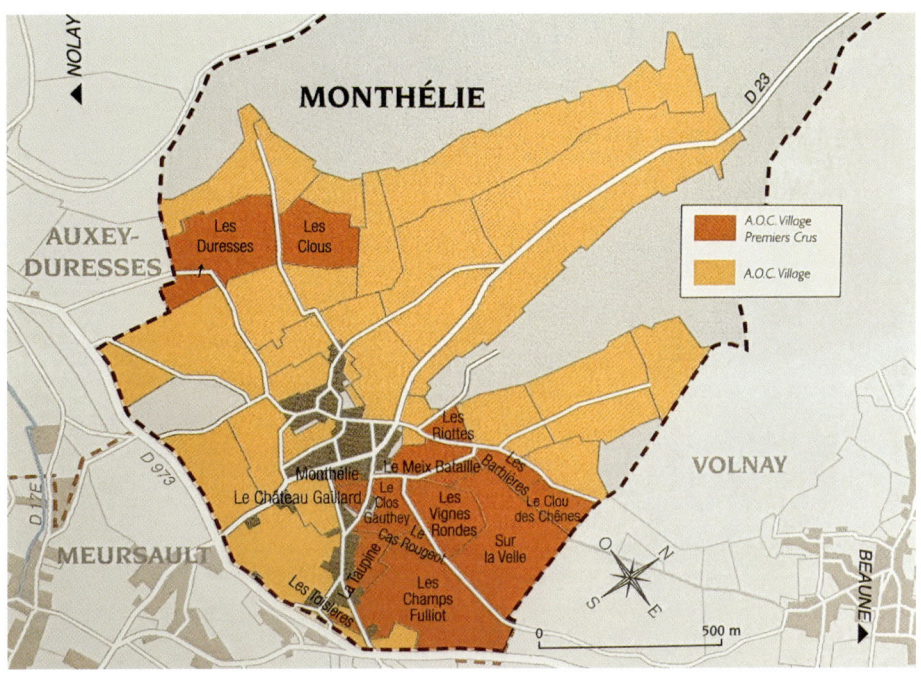

몽뗄리는 오세-뒤레스, 뫼르소, 볼네 마을과 이웃한 작은 마을이다. 이곳의 경제는 대부분 포도 재배와 와인 생산에 의존하고 있다. 1937년 이래로 몽뗄리 자체 아뻴라시옹을 갖고 있고, 주로 피노 누아 품종으로 만든 레드 와인을 생산하며, 소량이기는 하지만 샤르도네 품종의 화이트 와인도 생산한다. 특히, 최근에는 남쪽 끝에 이웃한 뫼르소와 경계를 이루는 곳에서 샤르도네 생산이 증가하는 추세이다.

전형적인 몽뗄리 와인의 특징은 동쪽 볼네 지역의 와인의 특징과 유사하지만, 몽뗄리 와인보다 볼네 와인이 좀 더 다양하고 우아한 풍미를 갖추고 있다는 평가를 받는다. 반면, 오세-뒤레스 와인보다 더 우수하다는 평가를 받기도 한다.

15개의 프리미에 크뤼 끌리마가 존재하며, 이들은 몽뗄리 마을 동쪽의 남향 경사면에 집중 분포해 있다. 이 지역은 전형적인 석회질 토양으로 구성된 경사면으로, 석회질 함량이 높은 덕분에 미네랄도 풍부하고, 토양 배수가 잘된다. 또한 포도밭이 남향 또는 남동향이라 상대적으로 서늘한 부르고뉴 기후 안에서도 포도알이 잘 익는 편이다.

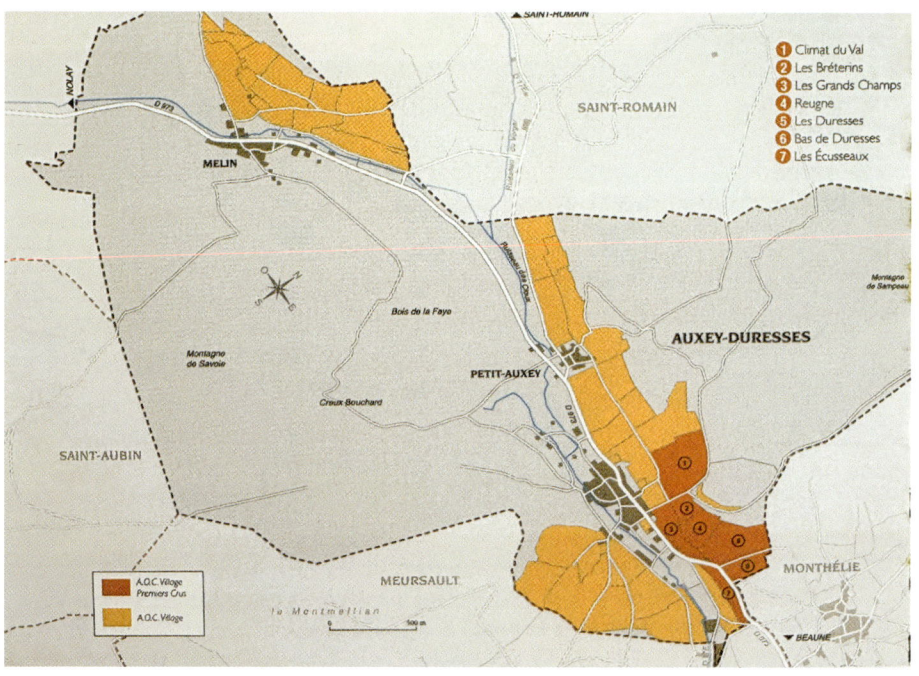

오세-뒤레스는 꼬뜨 드 본 중남부에서 주로 피노 누아 품종으로 만든 레드 와인을 생산하고, 소량이지만 샤르도네로 만든 화이트 와인도 생산한다. 또한 1937년 이래 자체 아뻴라시옹을 갖고 있다. 꼬뜨 도르 경사면 언덕에 위치한 포도밭은 남향, 남동향으로 펼쳐져 있고, 토양에 석회질 비중이 커서 우수한 품질의 와인을 만드는 데 도움이 된다. 뿐만 아니라, 대륙성 기후의 영향을 받